KB169531

눈이 보이지 않는
사람은
세상을 어떻게
보는가

눈이 보이지 않는 사람은 세상을 어떻게 보는가

이토 아사 지음

박상곤 옮김

에쎄

　사람이 얻는 정보의 80~90퍼센트는 시각에 의한 것이라고 한다. 종지에 간장을 담을 때나 글자판의 숫자를 확인할 때나 길을 걸어갈 때나 흘러가는 구름을 좇을 때도 우리는 눈을 사용한다.

　그러나 뒤집어 생각해보면 눈에 지나치게 의존하고 있다고 할 수도 있다. 그리고 우리는 무의식적으로 눈으로 보는 세계가 전부라고 생각하게 된다. 사실은 귀로 '보는' 세상도 있을 수 있고 손으로 '보는' 세상도 있을 수 있다. 물리적으로는 똑같은 사물과 공간이라 할지라도, 눈 이외의 수단으로 볼 때에는 눈으로 볼 때와 전혀 다른 모습으로 보인다. 하지만 대다수 사람은 눈에 지나치게 의존한 나머지 '세계의 또 다른 얼굴'을 보지 못하고 있다.

　'세계의 또 다른 얼굴'을 볼 수 있는 능력자란 바로 눈이 보이지 않는 사람, 즉 시각장애인이다. 예를 들어 발바닥의 감촉으로 다다미 결의 방향을 짐작하여 벽의 방향을 추측하거나, 소리의 반향에 따라 커튼이 열려 있는지 닫혀 있는지 판단하며, 밖에서 들려오는 자동차 소리들을 통해 대략적인 시각을 추측하는 것은 눈이 보이지 않는 사람에게는 모두 흔한 일이다.

이 책은 시각장애인이나 그와 관련된 6명과 인터뷰를 하고 워크숍 체험과 시각장애인의 평상시 대화를 통해 내 나름대로 인식한 '세계의 또 다른 얼굴'의 모습을 정리한 것이다. 만약 눈이 보이지 않는 세계밖에 모르는 사람이라면, 반대로 눈으로 본 세계가 '또 다른 얼굴'이 될 것이다. "그쪽 눈이 보이는 세계는 어떤가요?" "아, 이쪽은요……" 말하자면 이러한 느낌으로 서로의 세계를 언어로 담았다.

세계의 또 다른 얼굴을 알게 되면 내 신체의 다른 모습에 눈을 뜨게 된다. 손으로 '읽거나' 귀로 '보는' 행위는 평상시에 눈이 하는 일을 눈 이외의 기관을 사용하여 행하는 것이다. 눈이 보이지 않는 사람의 신체를 알게 되면, 우리가 신체의 가능성 중 얼마나 극히 일부분만을 사용하고 있는지 실감하게 될 것이다.

세상과의 관계 속에서 신체는 어떻게 기능할까? 이 책은 포괄적인 의미로 신체론을 구상했다. 단 이는 전례 없는 것일지 모른다. 일반적인 신체론은 표준적인 신체를 다루는 데 반해, 이 책에서는 '눈이 보이지 않는' 특수한 신체를 다루기 때문이다.

그러나 눈이 보이지 않는 신체에 주목한다고 해서 그 내용이 반드시 한정적이라고 할 수는 없다. 장애인이란 비장애인이 사용하는 것을 사용하지 않고, 비장애인이 사용하고 있지 않은 것을 사용하는 사람이다. 장애인의 신체에 관해 알게 되면 기존의 신체론을 넘어 더 포괄적인 신체의 잠재적인 가능성까지 깨닫게 될 것이다.

따라서 이 책은 복지 문제를 다루는 것이 아니라 어디까지나 신체론을 다루고 있으며, 눈이 보이는 사람과 보이지 않는 사람의 차이를 하나하나 알려준다.

그렇다고 해서 장애라는 측면을 경시하는 것은 아니다. 장애인을 도와주는 것이 아니라 서로의 차이를 흥미롭게 받아들임으로써 장애에 대해 새로운 사회적 가치를 창출해내는 것이 이 작업의 목적이다.

또한 이 책에서는 편의상 '눈이 보이지 않는 사람'이라고 일괄적으로 표현했지만, 실제로는 시각장애에도 여러 종류가 있다. 눈이 보였던 기억이 있는지 없는지, 전혀 앞을 볼 수 없는지 아니면 조금은 볼 수 있는지, 시야가 좁은 시야장애인지, 적녹색맹인지 전색맹인지…… 또한 '눈이 보이지 않는 사람'이라고 해도 청각을 수단으로 보는 사람, 촉각을 수단으로 보는 사람, 아니면 다른 방법을 취하는 사람도 있을 수 있고, '보는 방법'도 사람에 따라 각양각색이다.

개개인의 경우에 치중하거나 지나치게 일반화하면 중

요한 논점을 잃게 된다. '개별성'과 '보편성'의 중간점을 취하기는 무척 어려운 일이지만, 이 책에서는 인터뷰에서 나온 말을 최대한 그대로 인용하면서 이를 토대로 나만의 이론을 만들고 일반화하고자 했다.

그러면 이제부터 '눈이 보이지 않는 사람'의 세계를 들여다보기로 하자.

기노시타 미치노리木下路德

1979년생. '어둠 속의 대화Dialogue in the dark'의 가이드와 '시각장애인과 함께하는 미술 감상 워크숍'의 내비게이터로 활동하고 있다. 선천적 약시로 태어나 16세에 실명하여 현재는 전혀 앞을 볼 수 없다.

난바 소타難波創太

1968년생. 3D 컴퓨터 그래픽 디자이너로 일했으나 39세에 오토바이 사고로 실명하여 현재는 전혀 앞을 볼 수 없다. 도쿄의 산겐자야에서 침이나 뜸, 지압 마사지 등을 시술하는 치료원 루쿠젠을 운영하며 '시각장애인과 함께하는 미술 감상 워크숍'에서도 활약하고 있다.

히로세 고지로廣瀬浩二郎

1967년생. 일본 국립민족학박물관 부교수로 재직하며, 일본 종교사나 촉觸문화론을 연구하면서 전시나 워크숍의 기획을 맡고 있다. 13세에 실명하여 현재는 전혀 앞을 볼 수 없다. 저서로 『만지는 문화로의 초대』 등 다수가 있다.

요시하라 시게오段原滋男

1962년생. 장애인 올림픽에 출전하여 높이뛰기에서 동메달을 땄으며, 자전거 경기에서 금메달과 은메달을 하나씩 획득한 운동선수다. 블라인드 서핑, 블라인드 스키, 블라인드 축구도 가능하다. 보통 수준의 시력이었으나 22세 때 장애인 등급을 받아 현재는 앞에 있는 사람의 윤곽 정도만 겨우 보이는 수준이다.

서장 | 보이지 않는 세계를 보는 방법 _017

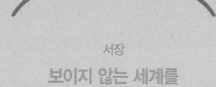

서장

**보이지 않는 세계를
보는 방법**

나와 다른 신체를 가진 존재를
실제로 느껴보고 싶다

원래는 생물학자가 꿈이었다. 어렸을 때부터 모충毛蟲이나 가재 등의 작은 생물을 키우며 관찰 일기를 썼고, 고등학교 수업 시간에도 선생님 몰래 생물 자료집을 보곤 했다. 지금 생각하면 조금은 괴짜로 보였을 것 같지만, 히카루 겐지(일본의 아이돌 그룹―옮긴이)보다 땅거미 채집이 더 좋았고, 연애보다도 수정란의 난할에 가슴이 더 두근두근 뛰는 학창 시절을 보냈다. 고등학교 때였나, DNA의 이중나선 구조를 제창한 제임스 왓슨이 일본을 방문했다는 소식을 듣고는 사인을 받으려고 강연회까지 쫓아간 기억도 있다.

구체적으로 생물학자를 꿈꾸게 된 계기 중 하나는 중학생 시절 모토카와 다쓰오 교수의 베스트셀러 『코끼리의 시간, 쥐의 시간』을 만난 것이다. 국어 선생님에게 추천을 받아 책이 나오자마자 바로 읽었는데, 나에게는 충격적인 내용이었다.

그 책에는 '크기의 생물학'이라는 부제가 붙어 있었다. 시간에 대한 감각은 생물의 크기에 따라 다르다. 코끼리에게 1초는 '아'에도 미치지 못하지만 개미에게 1초는

'아—'와 같이 길다. 시계와 같은 절대적 시간이 실제로는 존재하지 않으며, 각기 다른 생물체의 크기에 대응하는 주관적인 시간만 있을 뿐이다. 책의 내용은 대략 이러하다.

그 내용 자체도 물론 놀라웠지만, 특히나 지금 읽어도 가슴이 두근거리는 구절이 있다.

그러므로 부족한 부분은 '상상력'으로 보충하고 다양한 생물체의 시간 축을 머릿속에 그리면서 여러 생물체와 함께 살아가는 것이야말로 지구를 지배하는 인류의 책임이다. 동물학자의 중요한 임무는 이 상상력을 계발해내는 것이다.

생물학자(원문에는 '동물학자'이지만)의 임무는 상상력을 계발하는 것이다. 참으로 멋진 말이다. 분명히 모토카와 교수의 책을 읽으면, 나와 전혀 다른 생물체인 쥐나 코끼리가 어떤 식으로 세계를 이해하고 어떤 시간 감각으로 살아가는지 바로 느낄 수 있다. 조금 판타지 같지만, 나와 다른 신체를 가진 존재를 직접 느껴보고 싶은 간절한 소원이 있었다.

빠르게 심박동을 하는 쥐처럼 살아보는 것, 대뇌 없

이 무리 안에서 동시다
발적으로 발화하는 신
경 네트워크를 갖는 벌
처럼 살아보는 것, 빛
이 닿지 않는 해저의
열수분출공熱水噴出孔에
서 유화수소를 섭취하며
'지상地上'이라는 개념을 모
른 채 살다가 죽는 관서충이 되는

것…… 실제로 이러한 존재가 되어 상상 👁 벌 떼로 변신한 나.
하고 그 관점에서 세상을 바라보는 것은 나에게는 일종
의 '변신'과도 같았다. 물론 실제로는 불가능한 일이지만,
상상 속에서만이라도 다른 생물체로 '변신'해보는 것이야
말로 그 생물체의 생활 방식을 온전히 이해할 수 있는 방
법일 것이다. 그렇기 때문에 변신하고 싶은 간절한 소원
이 있었고, 지금도 변신에 대해서는 많은 관심을 갖고 있
다. 결국 생물학자가 되지는 않았지만, 변신에 대한 확고
한 생각은 내 연구활동의 바탕이 되었다.

　　이 책의 주제는 시각장애인의 세상을 바라보는 방법
을 이해하는 데 있다. 여러 명의 시각장애인과 인터뷰하
며 그들이 바라보는 세상의 모습을 분석했다.

오해를 무릅쓰고 말하자면, 이 작업은 나에게 하나의 생물학과도 같은 것이다. 장애인은 우리 주변에 있는 '자신과 다른 신체를 가진 존재'다. 이들에 대해 상상력을 발휘하는 것, 그리고 상상 속에서나마 눈이 보이지 않는 신체로 변신하여 살아보는 것이 바로 이 책의 목적이다.

미학과 생물학의 공통점

그런데 왜 시각장애인일까? 최근에는 청각장애인에 관한 연구도 진행하고 있지만, '나와 다른 신체를 가진' 다양한 사람 가운데 처음으로 접한 부류가 눈이 보이지 않는 사람들이기 때문이다. 그 이유를 설명하기 위해서는 내가 지금까지 해온 연구에 대해 조금 설명해야겠다.

앞에서 말한 바와 같이 나는 생물학자가 되지 않고 대학 3학년 때 문과로 전과하여 미학을 전공했다. 대학의 생물학 교육이 지나치게 세분화되어 있어서 생명 현상에 관한 궁극적인 목표를 제시하지 못했고, 내가 여기에 적응하지 못했기 때문이다.

원래 계획했던 진로와는 다른 방향으로 가게 되었지만, 그래도 하려는 일이 본질적으로 달라지진 않았다. 그

후 대학원에 진학하여 박사학위까지 취득하긴 했지만, 결국엔 '자신과 다른 신체를 가진 존재에 대한 상상력을 계발하고자 하는' 모토카와의 생물학을 미학이라는 방법으로 실현하려고 한 것이 아니었을까 곰곰이 생각해본다.

미학과 생물학의 공통점은 바로 '신체'다. 생물학이 인간 이외의 생물체를 다루는 데 비해, 미학은 오로지 인간만을 대상으로 한다는 차이점은 있지만, 생물학과 미학 모두 신체의 기능이나 주변 환경과의 관계에 대해서 연구한다.

미학이란?

먼저 '미학'이란 어떠한 학문인지 알아보자. "전공이 미학입니다"라고 말하면, "남자가 공부하는 미학입니까?" 또는 미학이 영어로는 Aesthetics이기 때문에, "대학에서 '에스테'를 합니까?" 하며 의아한 얼굴로 반문하는 경우도 있다. 물론 양쪽 모두 오해라고 말할 수 있다. 미학을 공부하면 미적 감각이 좋아지는 것도 아니요, 외모가 아름다워지는 것도 아니다.

미학이란 예술이나 감성적인 인식을 철학적으로 탐

구하는 학문이다. 더 쉽게 이야기하자면 언어로 표현하기 힘든 것을 언어로 풀어내고자 하는 학문이다.

프랑스어에 'je ne sais quoi'라는 표현이 있다. '말하기 힘든 것'이라는 의미다. 예를 들어 어떤 멋있는 사람의 매력과 같이, 느낄 수는 있지만 언어로 표현하기 힘든 것이 있다. '알 수 없는 것'이 아니라 '알 수는 있지만 말로 하기 힘든 것'이다.

즉 미학의 요지는 je ne sais quoi에 언어로 대답하는 것이다. 말하자면 '가려운 곳을 긁어주는 학문'과 같으며, '근질근질한 가려움'의 정체를 확실히 밝히는 것이 중요하다. 언어로 표현하기 가장 힘든 것이 아름다움이라는 가치라고 할 때, 이를 인식하는 감정의 기능이나 예술을 학문의 주요한 대상으로 삼는다.

가려운 곳을 긁어주는 듯한 느낌은 지극히 신체적인 것으로, 개운하고 기분 좋은 상태를 말한다. 오로지 논리로는 해결되지 않던 문제도 미학을 통해서라면 유연하게 풀 수 있는 경우가 있다. 그러면 가려웠던 부분까지도 시원해진다. 바로 언어로 표현하기 힘든 것을 다루기 때문에 개운함을 몸으로 느낀다고 할 수 있다. 미학자마다 생각이 다르겠지만 적어도 나는 이러한 신체성을 중요시하는 미학자가 되고 싶다.

자신에게 '늘 당연했던 것'을 버리다

이처럼 미학이란 '신체로 느끼는' 학문이지만, 신체는 미학의 도구이자 대상이다. 감정은 신체의 기능이고, 신체는 예술작품과도 밀접하게 관련된다. 따라서 미학은 '신체(언어로 분석한 것)를 신체로 이해하는 것'이라고도 할 수 있다. 즉 스스로 자신의 꼬리를 물고 있는 것과 같다. 이것이 바로 미학의 궁극적 형태. 미학이라는 학문을 선택했으니, 이 궁극적 형태를 목표로 삼고 싶었다. 변신하고픈 소원과 같은 의미라고 생각했기 때문이다.

하지만 이는 꽤 어렵다. 세상에는 분명히 '신체론'이라는 장르가 있다. 수많은 미학자나 철학자가 신체론의 계보를 잇는 책을 계속 써오고 있다. 그중에는 독특한 쾌락을 주는 책도 있지만 그 핵심이 잘 와닿지는 않는다. 뭔가 알 것 같기도 하고 아닌 것 같기도 한 느낌이 든다.

그 이유는 단순하다. 그런 책들은 '일반적인 신체'를 다루고 있기 때문이다. '나의 신체'나 '너의 신체'가 아닌 추상적인 신체에 대해서 논하고 있는 책이 많다.

물론 학문인 이상 논의에 보편성이 있어야 하지만, 실제로 똑같은 신체는 없다. 일반적인 신체란 실존하지 않는다. 게다가 그 이론의 보편성도 전혀 타당하지 않다.

임산부나 출산에 관한 논의는 거의 없기 때문이다.

여기서 개개인의 신체를 명확히 알아보기는 어렵겠지만(이는 아마도 소설의 역할이 아닐까 싶다), 특징적인 신체를 명확히 알아보면 일반적인 신체의 경우보다는 좀더 구체적으로 다가갈 수 있지 않을까 생각한다. 생물의 종이 다르면 생김새가 다르고, 생김새가 다르면 세상을 보는 방법이 다르다. 인간의 세계도 마찬가지다. 미학과 생물학을 적절히 활용하면 보편성과 개별성의 중간점을 취한 신체론이 탄생할 수 있을 것이다.

이 새로운 신체론은 즉 일반적인 신체의 보편성 때문에 가려졌던 '차이'를 끄집어내고자 하는 것이다. 그렇다면 자신과 눈에 띄게 차이가 나는 신체를 대상으로 선택하는 것이 좋지 않을까? 인간사회를 떠나 야산으로 들어간 어느 곤충학자와 같이, 자신에게 '늘 당연했던 것'을 버리고 다가갈 수 있을 법한 상대는 누구일까? 이러한 고민에서 '눈이 보이지 않는 사람'을 떠올리게 된 것이다.

머리말에서 말한 바와 같이 우리가 얻는 정보의 80~90퍼센트는 시각에 의한 것이라고 한다. 시각은 오감 중 가장 우월한 위치에 있다. 특히 서구 문화에서는 시각을 매우 중요시하는데, 파리의 샹젤리제 거리를 걷다 보면 에투알 개선문에 시선을 확 빼앗기고 만다. 서양에서는 도시의 건축물 하나하나까지도 '눈의 쾌락'을 위해서 디자인하는구나 하며 감탄하게 된다.

그런데 가장 의지하는 시각이라는 감각을 차단한다면 우리는 어떻게 세상을 바라볼 수 있을까? 그래서 새로운 신체론을 정리하며 '눈이 보이지 않는 사람'을 첫 연구 대상으로 삼게 되었다. 즉 눈이 보이지 않는 사람이란 기존의 신체론에 포섭되지 않는 보색 같은 존재로 여겨졌던 것이다. 또한 이것이 바로 내가 '눈이 보이지 않는 신체로 변신하고 싶다'고 생각하게 된 이유다.

눈이 보이지 않는 것과 눈을 감는 것

눈이 보이지 않는 신체로 변신하고 싶다고 말하면 진중하지 못한 생각이라며 질책을 받을지 모르지만, 결코 눈이 보이지 않는 사람의 고통을 가볍게 보려는 의도는 아니다.

그렇지만 눈이 보이는 사람과 보이지 않는 사람이 서로 호기심 어린 눈으로 바라보게 되면 서로가 보지 못한 것에 관해 깨닫게 된다. 미학적으로 시각장애인을 연구하는 작업 또한 이와 같이 '호기심 어린 눈'으로 바라보는 것이다. 나중에 다시 언급하겠지만, 이러한 관점은 분명히 장애인 복지제도에도 반향을 일으킬 수 있으리라 생각한다.

그렇다면 '눈이 보이지 않는 신체'로 변신하기 위해서는 어떻게 하면 좋을까? 간단히 눈을 감거나 안대를 써서 시각을 차단하면 된다고 생각할지 모른다.

하지만 결코 그렇지 않다. 시각을 차단하면 눈이 보이지 않는 사람의 신체를 체험할 수 있다는 생각은 큰 오산이다. 이는 단순한 뺄셈의 개념이 아니다. 눈이 보이지 않는 것과 눈을 감는 것은 전혀 다르다.

눈이 보이는 사람이 눈을 감는 것과 원래 눈이 보이지 않는 것은 어떻게 다를까? 눈이 보이는 사람이 눈을 감는 것은 단순한 시각 정보의 차단이다. 즉 뺄셈과 같다. 그러나 연구를 통해 파악하려는 것은 '눈이 보이는 상태에서 시각 정보를 뺀 상태'가 아니다. 시각 없이도 온전한 신체로 변신하여, 그러한 조건으로 인해 생기는 신체의 특징과 세상을 바라보는 방법 및 그 의미를 실감하고 싶은 것이다.

그것은 이른바 다리가 4개인 의자와 3개인 의자의 차이와도 같다. 원래 다리가 4개인 의자에서 1개를 빼게 되면 그 의자는 기울어진다. 망가지거나 불완전한 의자가 되는 셈이다. 하지만 원래 다리가 3개인 의자도 있고, 다리가 4개인 의자도 다리의 배치를 바꾸면 3개로도 서 있을 수 있다. 다리의 배치에 따라 다리가 4개인 의자와 3개인 의자의 균형은 다르기 마련이다.

눈이 보이지 않는 사람은 귀와 발의 활용이나 언어의 정의 등에서 눈이 보이는 사람과 약간 다르기 마련이다. 따라서 조금만 사용 방법을 바꾸면 시각 없이도 설 수 있는 균형 감각을 찾는 게 가능하다.

다리가 4개인 의자와 3개인 의자는 균형을 잡는 방법이 다르다.

변신한다는 것은 이처럼 시각이 없는 상태에서도 온전한 균형 감각으로 세상을 느껴봄을 말한다. 다리가 1개 없는 '결핍'이 아니라 3개의 다리가 만드는 '전체'를 느끼는 것이다. 다른 균형 감각으로 세상을 바라보면 전혀 딴 세상으로 보인다. 즉 같은 세상이라도 보이는 면, 즉 '의미'가 달라진다.

이 책은 처음부터 끝까지 이 의미에 대해 다루고 있다고 해도 과언이 아니다. 의미는 저절로 생기는 것과 의식적으로 부여하는 것이 있는데, 이 책에서는 그 양쪽 모두를 알아보고자 한다.

내일 오후에 비가 올 확률이 60퍼센트라는 '정보'와 '의미'

도대체 '의미'란 무엇일까? 근본적인 질문이지만 이 책의 취지에 관한 것이기에 지면을 할애해 확인해보고자 한다. 이 책에서 말하는 '의미'는 그 뉘앙스가 '정보'와 반대된다.

정보는 객관적이고 중립적인 성격을 갖는다. 예를 들어 '내일 오후에 비가 올 확률이 60퍼센트'라는 말은 보통 정보로 받아들여진다. "내일 오후에 비가 올 확률이 60퍼센트래" 하는 친구의 말에 "고마워"라고 대답한다면 그것은 정보를 알려줘서 고맙다는 의미다.

이와 반대로, 가령 "너는 머리가 참 나빠"라는 애인의 말을 정보로 받아들인다면, 결별 통보를 받게 될 것이다. 이것은 정보가 아니라 감정의 표현이다. 여기서 그 말을 듣고서 취해야 할 행동이란 메모가 아니라 애인의 기분을 달래주거나 변명하는 등의 모습을 보이는 것이다.

뉴스 진행자가 자신의 주관을 말하게 되면 그것은 정보가 아니다. 정보란 뉴스 진행자의 주관을 배제한 객관적인 내용이어야 한다.

그러나 '내일 오후에 비가 올 확률이 60퍼센트'라는 정보는 받아들이는 사람에 따라서 다양한 의미가 생길 수 있음을 이해해야 한다. 내일 운동회를 앞둔 초등학생에게는 '운동회가 연기될 수도 있다'는 것을 의미할 테고, 우산 가게라면 '내일은 장사가 잘되겠다'는 의미가 될 것이며, 농가의 경우에는 '내일은 물을 안 줘도 되겠다'는 의미가 될 것이다.

즉 의미란 정보가 구체적인 맥락을 지닐 때 생겨나는 것이다. 받아들이는 사람이나 각기 처한 상황에 따라 그 정보는 전혀 다른 의미를 만들어낸다.

모토카와 교수의 '크기의 생물학'을 예로 든다면 '시계의 시간'은 정보, '각기 다른 생물체의 시간 감각'은 의미라고 말할 수 있다.

움벨트란 무엇일까?

'의미'나 '가치'라고 하면 인간에게만 해당되는 것으로 생각할 수 있으나 그렇지 않다. 곤충이나 동물도 어엿한 의미를 만드는 생물체다. 이것을 분석한 사람은 에스토니아 출신의 생물학자 야코프 폰 윅스퀼이다. 윅스퀼은 이미 1930년대에 '움벨트Umwelt'(종에 따라 각기 다른 시간과 공간을 갖는 동물들의 세계—옮긴이) 개념을 제창하여 생물학뿐만 아니라 철학을 비롯하여 다양한 학문 영역에 영향을 미쳤다.

윅스퀼의 책을 일본어로 번역한 생물학자 히타카 도시타카의 『동물과 인간세계의 인식』을 기초로 윅스퀼의 움벨트란 무엇인지 알아보자.

초여름 양배추 밭에 배추흰나비가 날아든다. 그러나 시간대에 따라 배추흰나비에게 보이는 양배추 밭의 모습은 다르다. 오전은 교미의 시간이다. 수컷은 교미의 대상을 찾아 양배추 밭을 날아다닌다. 암컷에게도 수컷의 존재는 중요하다. 실제로 근처에 꽃이 있지만 전혀 눈길도 주지 않는다.

하지만 오후가 되면서 배고파진 배추흰나비들은 이번에는 꽃의 꿀을 찾기 시작한다. 갑자기 꽃이 '보이기 시

작한 것'이다. 게다가 중요한 것은, 망울이 맺힌 꽃봉오리
가 아닌 피어 있는 꽃만이 의미를 갖게 된다는 점이다.

워스퀼에 따르면 각각의 생물체는 의미를 만드는 '주
체'다. 각 주체는 주변 사물에 의미를 부여하고, 그 의미
에 따라 자신만의 세계를 구성한다. 이 '자신만의 세계'를
바로 움벨트라고 일컬은 것이다. 생물체는 무미건조하고
객관적인 세계를 살아가지 않는다. 자신에게 필요하거나
아니면 그때그때 상황에 따라 필요하도록 만든 일종의 환
상 속의 세계를 살아가고 있는 것이다.

눈이 보이는 사람이
눈이 보이지 않는 사람을 대하는 태도

주체는 주변 사물에 어떠한 의미를 부여하며, 그것이
어떠한 움벨트를 만들어낼까? 이 책은 그러한 '의미'를 바
탕으로, 눈이 보이지 않는 사람과 중점적으로 관계해나가
고자 한다.

이는 탐구의 방법이기도 하고, 눈이 보이지 않는 사
람과 보이는 사람 사이의 관계에 대한 새로운 제안이기도
하다. 눈이 보이는 사람은 주로 '정보'를 바탕으로 하여 눈

이 보이지 않는 사람을 대하게 되기 때문이다. 그래서 이 책에서는 '의미'가 바탕이 되는 관계도 추가하고자 한다.

정보가 바탕이 되는 관계란 무엇일까? 단순하게 말하면 복지의 관계라고 할 수 있다. 눈이 보이는 사람이 보이지 않는 사람에게 필요한 정보를 주고 도움을 준다. 눈이 보이는 사람이 보이지 않는 사람을 도와주는 관계가 복지의 근본적인 발상이 되는 것이다.

실제로 복지 사업은 정보에 관한 것들로 넘쳐난다. 예를 들면 점자블록은 시각장애인에게 '역은 이쪽입니다'와 같은 정보를 주기 위해서 설치된 것이다. 횡단보도에 설치되어 있는 음향 신호도 '건너지 마세요'나 '건너세요'와 같은 정보를 주려는 목적을 띠고 있다.

이러한 물적 인프라뿐만 아니라 인적 인프라도 정보를 주는 데 주안점을 둔다. 예를 들어 도서관의 대면 낭독 서비스는 시각장애인이 책에 있는 정보를 얻을 수 있도록 도서관 직원이나 자원봉사자가 내용을 읽어주는 것이다. 점자블록이나 음향 신호는 장애인이 행동하는 데 필요한 정보를 주는 복지이며, 대면 낭독 서비스는 장애인의 정보 입수를 도와주는 복지라고 할 수 있다. 그리고 요즘에는 특히 후자가 중시되는 추세인 듯하다.

이러한 환경에서 자주 듣게 되는 것이 '접근 편이성'

이라는 말이다. 원래는 시설이나 서비스의 접근 편이성을 의미했지만, 요즘에는 정보의 접근 편이성을 나타내는 단어로 많이 사용된다.

또한 접근 편이성과 함께 자주 쓰이는 '정보 격차'라는 단어가 있다. 그 말에는 핸디캡이 있는 사람과 그렇지 않은 사람의 정보량의 차, 한마디로 정보 격차를 없애서 사회적 포섭을 실현해야 한다는 생각이 깔려 있다. 이를 바탕으로 접근의 편이성을 높이기 위한 다양한 복지 정책이 시행되고 있다. 물론 이러한 정보를 위한 복지 역시 장애인에게 꼭 필요한 부분이며 지금까지 많은 정책이 시행돼왔다. 그러나 아직 부족한 것이 사실이고, 이에 대해서는 사회적으로 보충해야 한다.

복지 정책의 의의를 부정할 생각은 없다. 내가 걱정하는 점은 복지 그 자체가 아니라 일상생활에서 장애인과 비장애인의 관계가 이러한 '복지적 관점'에 묶이게 되는 것이다.

즉 비장애인이 장애인을 대할 때 꼭 도움을 주어야 한다는 태도를 취하는 것을 가리킨다. 이러한 '복지적 태도'를 취하는 이는 아마도 평소 장애가 있는 사람과 접해 보지 못한, 말하자면 복지 현장에서의 경험이 없는 사람일 것이다.

　다양한 워크숍에서 활약하고 있는 전맹全盲인 기노시타 미치노리 씨는 어렸을 때 시력이 저하되면서 같은 반 친구들과 서먹서먹해진 경험을 들려주었다.

　초등학교 시절 기노시타 씨는 눈 수술 때문에 거의 반년 동안 학교를 쉬었다고 한다. 다시 학교로 돌아가서 한동안 약시반弱視班에서 일대일 수업을 받게 되었는데, 음악 시간이나 급식 시간에는 기존 교실로 옮겨가야 했다. 어느 날 가장 친하게 지냈던 친구가 약시반 교실로 기노시타 씨를 데리러 왔는데, 아마도 이는 선생님의 배려였을 것이다.

　하지만 여기서 기노시타 씨는 처음으로 충격을 받게 되었다고 회상한다. "친구의 태도가 몹시 딱딱해서 아무 말도 하지 않은 채 따라가기만 했어요. 이게 뭡니까? 친한 친구가 왔는데도 전혀 즐겁지 않았어요.(웃음)"

　이후에도 그 친구와 이전 같은 관계로 돌아가지 못하고 점점 멀어져 '친한 친구를 잃어버린 듯한' 느낌이었다고 말한다.

　물론 약시반 교실로 데리러 온 친구가 나쁜 의도로 차갑게 대하지는 않았을 것이다. 오히려 그와 반대로 선의가 아니었을까? 기노시타 씨가 눈 수술을 했기 때문에 넘어지지 않게 신경 써야 했으며, 위험한 것이 있으면 미리 알려줘야 한다는 생각에 바짝 긴장하고 있었을 터이다.

누구나 그런 입장이 된다면 분명 똑같이 행동했을 것이다. 하지만 선의가 있을지라도 이처럼 친구를 '조심스럽게 대하는 것'은 친구 사이에 벽을 만들게 된다. 즉 놀리고 장난치고 때로는 치고받고 싸우기도 하는, 초등학생 사내아이들끼리의 자연스런 행동을 가로막게 되는 것이다. "점점 앞이 보이지 않게 된 이후로 모두가 나를 조심스럽게 대하다보니, 점점 사이가 서먹서먹해지고 멀어지는 느낌이었어요. 그래서 적지 않은 충격을 받았답니다."

정보를 바탕으로 하는 관계에서는 눈이 보이지 않는 사람은 보이는 사람보다 아무래도 우위에 서게 마련이고, 비장애인이 장애인에게 도움을 주는 관계가 형성된다. 복지적 태도란 무언가 꼭 도움을 줘야 한다는 긴장을 동반하는 관계이고, 결국은 사실상 눈이 보이는 사람과 보이지 않는 사람의 관계를 구속하게 된다.

물론 도움을 주고받는 관계도 필요하겠지만, 계속 그 관계가 이어진다면 '주는 입장'과 '받는 입장'이라는 고정된 상하관계에서 벗어날 수가 없을 것이다. 서로의 실수도 웃어넘길 수 있는 보통의 인간관계처럼 돼야 좋지 않을까? 그러기 위해서는 우선 서로의 신체나 장애에 대해서, 때로는 연애사까지 스스럼없이 말할 수 있는 허물없는 관계가 만들어져야 한다.(재차 말하지만, 복지적 태도란 복지활동을 하는 사람의 태도를 말하는 것이 아니다. 실제 복지 현장에는 도움을 주는 관계 말고도 화기애애한 관계도 많이 있을 테니까.)

'나는 나, 그쪽은 그쪽'이라는 거리감

여기서 '의미'를 바탕으로 이뤄진 관계의 중요성을 알 수 있다. 의미를 바탕으로 하면 눈이 보이는 사람과 보이지 않는 사람의 관계는 달라진다.

눈이 보이는 사람과 보이지 않는 사람 사이에 차이는 있어도 우열은 있을 수 없다. 눈이 보이지 않기 때문에 생기는 나름의 의미가 있고, 때에 따라 눈이 보이지 않는 불편함을 역으로 이용하여 통쾌한 의미를 만들어내기도 한다. 그리고 눈이 보이든 안 보이든 상관없이 그 의미를 언어로 공유할 수 있다. 그리하여 서로의 차이를 재미있게 즐길 줄 아는 동등한 관계가 형성된다.

강연 도중에 기노시타 씨가 내게 외친 단어가 기억에 남는다. 그때 눈이 보이는 사람에게 상상력이란 무엇인지 설명하고 있었다. 말하자면 상상력이란 지금 여기에 없는 물건이나 어떤 장소를 머릿속에서 시각적으로 떠올리는 것으로, 일종의 이미지이지만 실제로 보는 것과 다르다는 내용이었다. 그 이야기를 통해 무언가 이해한 듯한 기노시타 씨는 이렇게 외쳤다. "그쪽 눈이 보이는 세계의 이야기도 꽤 재미있네요."

이렇게나 확실히 장애에 대한 고정관념을 깨주는 말이 또 있을까? 특히 여기서 통쾌한 것은 기노시타 씨가 눈이 보이는 사람의 세계를 '그쪽'이라고 표현한 점이다. "댁의 남편 건강은 어때요?" "응, 뭐 나쁘지 않아요. 그쪽은요?" 마치 이렇게 가벼운 느낌의 '그쪽'이었다.

복지적 태도는 '눈이 보이지 않는 사람이 어떻게 하면 눈이 보이는 사람과 똑같이 생활해나갈 수 있을까' 하는 주제에 집중한다. 눈이 보이지 않는 사람은 눈이 보이는 사람을 중심으로 한 세계에서 살아가며 현실의 다양한 사회적 인프라는 눈이 보이는 사람에 맞춰져 있기 때문에 복지적 태도도 필요하기 마련이다. 그럼에도 기노시타 씨가 사용한 '그쪽'은 눈이 보이는 세계와 보이지 않는 세계를 마치 서로 이웃하고 있는 두 집으로 인식하는 듯한 자세에서 나온 말이었다. 쿨하게 '나는 나, 그쪽은 그쪽'이라고 생각하는 것이다.

손을 내미는 것이 아니라 거리를 두고 있기 때문에 재미있다고 느낄 수 있을 터이다. 앞에서 '호기심 어린 눈'으로 바라보는 것이 중요하다고 말한 바 있다. 차이를 존중하는 것보다는 서로를 호기심 어린 눈으로 바라보는 편이 훨씬 더 재미있는 존재로 상대를 느낄 수 있게 한다는 뜻이다. 의미를 바탕으로 한 관계란 눈이 보이지 않는 사람을 친구나 가까운 이웃처럼 여기는 것이다.

어쩌면 다른 나라에 가서 겪는 놀라움과 비슷할 수도 있다. 국내에서는 당연했던 것이 다른 나라 사람 눈으로 보면 얼마나 이상한 습관인지 놀라는 경우가 종종 있지 않은가? 이는 다른 나라에 가서 느낄 수 있는 큰 '재미' 중 하나다. 현지에 가서 그 나라 문화의 '의미'를 직접 체감하는 것은 인터넷이나 안내 책자의 '정보'를 통해 아는 것과는 전혀 다르다.

"그쪽 눈이 보이는 세계의 이야기도 꽤 재미있네요"라고 외쳤을 때 기노시타 씨는 눈이 보이는 사람의 상상력의 의미를 이해했다. 즉 '변신'할 수 있었다는 것이다. 물론 부분적인 변신에 불과할지 모른다. 그러나 차이를 존중하는 것보다, 우선은 변신을 통해 신체로 체감해보는 편이 오히려 서로의 차이를 즐겁게 받아들일 수 있지 않을까?

　　정보를 바탕으로 한 접근 방법은 복지 정책에서 담당하고 있지만, 의미를 바탕으로 하는 접근 방법은 아직까지 그 사례가 없다. 그 두 방법은 서로 대립하는 것이 아니라 보완해나가야 할 관계다. 따라서 이 책에서 소개하는 '의미를 바탕으로 한' 접근 방법이, 새로운 점자블록의 고안이나 더욱 창의적인 지원 서비스를 개발해내는 복지 활동에 긍정적인 효과를 낼 수 있기를 바란다.

　　앞으로 본문에서 서술할 것은 눈이 보이지 않는 사람과의 실제 대화에서 얻은 '변신 비결'이다. 눈이 보이지 않는 사람의 세계에 대한 총괄적인 설명이랄 수는 없겠지만, 어느 정도는 변신에 도움을 줄 수 있으리라 기대해본다.

1장
공간

눈이 보이는 사람은 2차원,
눈이 보이지 않는 사람은 3차원?

서장에서 눈이 보이지 않는 사람이 세계를 '보기' 위해서는 '정보'가 아닌 '의미'에 주목하는 것이 중요하다고 말한 바 있다. 눈이 보이지 않으면 얻을 수 있는 정보의 양에 아무래도 한계가 있겠지만, 그로 인해 생겨나는 의미도 있다. 눈이 보이지 않지만 나름대로 세계를 파악하고 신체를 사용하는 방법이 있게 마련이다.

이 책에서는 장마다 하나의 주제를 놓고 그 주제가 갖는 '의미'에 대해 인터뷰나 관찰 결과를 토대로 설명하고자 한다.

첫 번째 주제는 '공간'이다. 우리는 길을 걸을 때나 집 혹은 식당에 있을 때에도 언제나 우리를 둘러싸고 있는 공간에서 필요한 정보를 얻고 그 안에서 조금이라도 더 쾌적하게 지내려고 한다. 이처럼 생활에 기본이 되는 공간을, 눈이 보이지 않는 사람은 어떻게 이해하는지에 관해 에피소드와 함께 풀어나가 보도록 하겠다.

다만 이 이야기는 내 주변의 경험을 바탕으로 구성했기 때문에, 일반적인 이론은 아니며 여기에 공감하지 못하는 사람들도 있을 것이다. 그러므로 이 이야기를 절대적인 것으로 받아들이지 말고, 오히려 '이런 점은 나와 다르구나' 생각하며 각자다른 신체에 관해 이야기를 나눌 때 활용해주길 바란다.

"오오카야마는 정말 산이네요"

눈이 보이지 않는 사람이 '보는' 공간과 눈이 보이는 사람이 눈으로 인식하는 공간…… 눈이 보이지 않는 사람과 함께 있다보면 두 공간이 어떻게 다른지 우연한 순간에 알게 될 것이다.

언젠가 기노시타 미치노리 씨와 함께 길을 가고 있을 때였다. 그날은 연구실에서 기노시타 씨와 인터뷰 약속이 잡혀 있는 날이었다. 일단 오오카야마大岡山(일본 도쿄에 있는 지명―옮긴이) 역의 개찰구에서 기노시타 씨를 만나 연구실로 향했다. 연구실은 오오카야마 역을 나와 교차로 바로 건너편에 있는 도쿄공업대학 오오카야마 캠퍼스의 서9호관에 있다.

15미터 정도의 완만한 비탈길을 내려가고 있을 때였다. "오오카야마는 정말 산이네요. 지금 내리막길을 내려가고 있어요." 기노시타 씨의 말에 나는 깜짝 놀랐다. 기노시타 씨가 '산에서 내려가는 길, 내리막길'이라고 표현했기 때문이다. 매일같이 이곳을 지나다녔지만, 나에게는 그저 '비탈길'일 뿐이었다.

다시 말해 나에게는 오오카야마 역이라는 '출발점'과 서9호관이라는 '목적지'를 연결하는 구간으로, 코너를 돌

◉ 눈이 보이는 사람이 본 오오카야마.

면 바로 잊어버리게 되는, 다른 공간이나 길과는 별개의 '부분'으로밖에 인식되지 않았으나, 기노시타 씨는 공간 전체를 입체적으로 파악한 것이었다.

다시 보니, 기노시타 씨가 말한 대로 오오카야마의 남쪽 부분은 확실히 역의 개찰구가 '산 정상'이 되고 전체적으로 밥그릇을 엎어놓은 지형을 하고 있기에, 서9호관은 '산기슭'에 위치한 셈이 된다. 즉 나와 기노시타 씨는 산 정상에서 산기슭으로 이어지는 내리막길을 내려가고 있었던 것이다.

그러나 눈이 보이는 사람이 이처럼 3차원적으로 이미지를 인식하기란 매우 어렵다. 비탈길 양쪽으로는 동아리

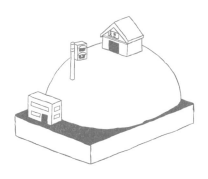

👁 눈이 보이지 않는 사람이 본 오오카야마.

가입을 권유하는 팻말이 늘어서 있고, 학교 안에서 아는 얼굴과 마주칠 수도 있다. 저 앞쪽에는 복잡한 교내 식당 의 입구가 보인다. 이처럼 눈으로 들어오는 수많은 정보 가 눈이 보이는 사람의 생각을 가로막기도 한다. 어쩌면 그 사람은 스마트폰에 빠져 있을지도 모른다. 그곳을 지 나다니는 사람들은 어떻게 생긴 지형인지 자신이 어디쯤 에 있는지 등은 전혀 생각할 여유가 없다.

길에서 우리는 컨베이어 벨트처럼 자동적으로 운반 되는 존재, 다시 말해 '통행인'일 뿐이다. 그러나 마치 스 키를 타는 사람같이, 넓은 공간 위에 자신의 선을 그려나 간 기노시타 씨의 이미지는 훨씬 더 열려 있다고 하겠다.

물리적으로 같은 장소에 있다고 해도 그 장소에 어떤 의미를 부여하느냐에 따라 전혀 다른 경험을 하게 된다. 내가 기노시타 씨의 말을 듣고 놀란 것도 이 때문이다. 사람은 물리적인 공간을 걷는 한편, 머릿속에서 만든 이미지 공간을 걷는다. 나는 기노시타 씨와 함께 똑같은 언덕을 내려오면서도, 그와는 전혀 다른 세계를 걷고 있었던 것이다.

눈이 보이지 않는 사람은 '길'에서 자유롭다고 말한다. 길은 나아갈 방향을 제시해주는데, 시각장애인마다 개인차는 있지만 소리의 반향과 짚고 다니는 지팡이의 감촉을 바탕으로 길의 폭이나 방향을 파악한다. 하지만 눈으로 보는 것과 달리 그 범위는 한정되기 마련이다. 길에서 자유롭다는 말은 길을 예측하기 힘들다는 의미도 있지만, 오히려 그렇기에 길에만 의존하지 않는 자유로운 3차원적인 시각을 가질 수 있다는 뜻이다.

머릿속에 여유 공간이 있을까?

그 당시 시각장애인인 기노시타 씨가 얻을 수 있는 정보는 나에 비하면 매우 적은 양이었다. 아마 '오오카야마라는 지명'과 '발로 감지하는 경사' 두 가지밖에 없었을 것이다. 그러나 부족한 정보를 바탕으로 해석하다보니 눈이 보이는 사람에게는 없는 공간이 머릿속에 생겨나게 된 듯하다.

기노시타 씨는 이에 대해 이렇게 얘기했다. "아마도 머릿속에 여유 공간이 있나봐요. 눈이 보이는 사람은 머릿속이 꽉 차 있을지 모르지만, 우리와 같은 사람은 사용하고 있지 않은 빈 공간이 있어요. 그 빈 공간을 어떻게든 사용하려고 정보와 연결지어 생각하다보니 그러한 이미지가 그려진 겁니다. 발로 감지한 정보밖에 없었기 때문에 이 길은 어떠한 형태일까 계속 생각해나간 것이지요. 그래서 눈이 보이지 않으면 여유가 생기는 듯해요. 눈이 보이면 언덕이라는 사실을 이미 알고 있으므로 주변 풍경이나 하늘을 쳐다본다든가 스카이트리(도쿄에 세워진 세계에서 가장 높은 철탑―옮긴이) 등 다른 곳에 정신이 팔렸겠지요."

그야말로 정보가 부족하기 때문에 새로운 의미를 만들어낼 수 있었던 사실을 보여주는 일화라고 할 수 있다. 도시에서의 많은 시각적인 정보는 인간이 만든 것이다. 대형 스크린에 비치는 아이돌의 얼굴, 신제품의 광고 간판, 전차 안의 광고 등 이들은 단순히 보이기 위한 광고

일 뿐이다. 실제로 자신과는 아무 관계(=의미) 없는 '정보'로 넘쳐나고 있다. 어지러울 정도의 시각적인 정보의 홍수…… 분명히 기노시타 씨가 말처럼 눈이 보이는 사람의 머릿속에는 '여유 공간'이 거의 없다.

이에 반해 눈이 보이지 않는 사람은 이 같은 시각적 정보의 홍수와 무관하다. 물론 소리나 냄새도 도시에 넘쳐나지만, 기노시타 씨는 "우리 머릿속에는 여유 공간이 있다"라거나 "눈이 보이지 않는 사람은 길에서 자유롭다"라고 말한다. 물론 여기서 '길'은 콘크리트 바닥으로 된 물리적인 길이기도 하고, 나아가야 할 방향을 제시하는 비유적인 의미의 길도 된다.

내가 정보를 사용하고 있는가?
정보가 나를 사용하고 있는가?

온전히 자신의 의지에 따라 행동하는 사람은 거의 없을 것이다. 자신도 모르게 주변 환경의 영향을 받는 경우가 의외로 많기 때문이다.

벽에 기대어 쉬는 행위 하나만 보더라도, 대부분은 기대어 쉴 생각으로 벽을 찾는 것이 아니라 벽이 가까이

👁 주변 환경은 행동에 영향을 미친다.

있기 때문에 기대어 쉰다. 아이들이 치는 '장난'이 거의 그런 경우에 해당된다. 아이들은 버튼을 보면 누르고 싶어지기 마련이고, 옆에 담이 있기 때문에 기어오른다. 주변 환경에 산재한 이 같은 사물들이 방아쇠 역할을 하여 아이들의 행동을 유발시킨다.

다시 말해 사람의 행동은 다소간 차이는 있지만 환경의 영향을 받는다. 이쪽저쪽으로 정신없이 환경의 스위치에 이끌려다니는 셈이다. 나아갈 방향을 제시하는 '길'은 "이쪽으로 오세요. 그다음엔 이렇게 하세요"와 같이 행동을 단계별로 유도하는, 주변 환경에 설치된 도선導線에 비유할 수 있다.

예를 들어 교토의 가쓰라 리큐(교토 니시쿄쿠 가쓰라에 있는 별궁—옮긴이)에 가보면, 궁의 어디를 봐야 하는지까지 계산되었음을 알 수 있다. 사람의 행동을 유도하는 '길'이 곳곳에 널려 있는 것이다. 실제로 방문해보니 가쓰라 리큐는 마치 춤 동작을 일정한 기호나 모양으로 기록해놓은 악보 같다는 생각이 들었다.

가쓰라 리큐에는 어디를 봐야 하는지를 알려주는 길이 있을 뿐이지만, 도시에는 수많은 길이 여기저기 널려 있다. 심지어 그 길은 사람을 현혹시키기도 한다. 햇볕이 쨍쨍 내려쬐는 한여름 날씨에 길가에서 콜라 광고판을 본다면 마시고 싶고, '30퍼센트 할인 판매'라는 문구를 보면 자신도 모르게 슈퍼에 들어가 충동구매를 하게 될 수도 있다. 그것이 잠재된 욕망인지 아닌지는 중요하지 않다. 시각적인 자극에 의해 인간의 욕망이 만들어지고, 자신도 모르는 사이 욕망에 사로잡히는 것이다.

곳곳에 넘쳐나는 시각적인 자극은 실제로 자본주의 체제를 움직이는 원동력이 되고 있다. 굳이 이를 비판할 생각은 없지만, 도시에 사는 우리가 이 시각적 자극에 휘둘리고 있는 것은 사실이다. 최근에는 오히려 컴퓨터의 모니터나 스마트폰 화면에 이러한 '방아쇠'가 증식하고 있을는지도 모른다. 일을 하려고 컴퓨터를 켰다가 나도 모르게 쇼핑에 빠져 있는 일이 많지 않은가? 아무래도 우리는 매일 가벼운 기억상실증에 걸린 채 살고 있는 것 같다. 내가 정보를 사용하고 있는 것인지 정보가 나를 사용하고 있는 것인지 도대체 알 수가 없다.

"보이지 않는 세계에는 정보가 거의 없어요"

도시는 하나의 거대한 시각적 정보의 창고라고 할 수 있다. 때문에 눈이 보이는 사람과 보이지 않는 사람의 행동에는 큰 차이가 있다. 중도 실명한 난바 소타 씨는 시력을 잃음으로써, '길'이라는 도시 공간의 '시각적 정보'에서 해방된 경험에 대해 들려주었다.

"보이지 않는 세계에는 정보가 거의 없어요. 눈이 보였을 때는 편의점에 들어가면 맛있어 보이는 것들이나 선전 광고를 보느라 바빴는데, 눈이 보이지 않고 나서는 사고 싶은 물건을 먼저 정하고서 점원에게 부탁해서 그 물건만 사 가지고 나오게 되지요."

편의점 내부는, 상품을 배열하는 순서부터 위치와 높이까지 매출을 최대한 끌어올리기 위해 '안무용 특수효과 장치'가 주도면밀하게 계산된 공간이다. 공과금을 내러 왔다가 엉겁결에 푸딩을 사 가지고 갈 수도 있다.

그러나 난바 씨는 앞을 볼 수 없게 되고 나서, 이제 시각적인 정보에 현혹되지 않는다. 즉 편의점의 시각적인 정보에 휘둘리지 않게 되었다. 살 물건을 미리 정하고, 그 목적을 수행할 뿐이다. 무작정 목적으로 직행하는 것처럼 보일지 모르지만 전혀 그렇지 않다. 눈이 보이는 사람은 눈앞의 시각적인 자극에 영향을 받는 반면, 눈이 보이지 않는 사람은 더욱 느긋하게 인식하고 입체적으로 이해할 수 있는 능력을 갖게 되는 것이다.

정보에 구애받지 않는 편안함

난바 씨도 실명 직후에는 정보 단절에 많이 당황했다고 한다. 아니, 당황했다기보다는 '정보에 대한 갈증'을 느꼈다는 표현이 더 적합할 것이라 덧붙였다.

"처음에는 당황하기도 했지만, 어떻게든 정보를 얻으려고 애를 썼습니다. 이제는 정보에 상관없이 지낼 수 있게 되었는데, 그러기까지 2~3년의 시간이 걸렸습니다. 스스로의 한계를 벗어난 일에는 욕심내지 않게 된 것이지요.

다시 편의점 얘기로 돌아가면, 광고와 같은 정보는 내가 인식할 수 없는 것이기 때문에 광고로 인해 욕심이 생기는 일은 없습니다. 즉 인식할 수 없는 것에 대해서는 욕구가 생기지 않지요. 그래서 TV나 휴대전화가 주는 정보를 인식할 수 없게 되면서, 정보에 대한 갈증은 있었지만 동요하지 않았습니다."

난바 씨는 이미 '깨달음'의 경지에 이른 듯하다. '인식할 수 없는 정보는 좇지 않는다'는 생각에 이르기까지의 2~3년이란 시간은, 시력을 잃고 새로이 '변신'한 신체가 파악하는 '의

◉ 별자리와 같은 편의점 공간. 중요한 것만 보인다.

미'를 납득하고 스스로 받아들이는 시간이기도 하다.

아무리 애써도, 눈이 보이지 않는 조건에서 머릿속에 만들어지는 편의점 공간의 이미지는 눈이 보였을 때의 공간과는 다르다. 아마도 편의점의 출입문, 자주 사는 물건, 계산대 위치 등이 표시된 별자리와 같은 공간이 될 것이다.

'초보' 시각장애인이라면 이것이 하나의 결함이 되겠지만, 뇌가 만들어낸 새로운 편의점 공간에서도 충분히 행동할 수 있음을 차츰 알게 될 것이다. 난바 씨는 정보에 구애받지 않고 행동할 수 있는 편안함을 터득한 것이다.

볼 수 없기 때문에
볼 수 있는 범위가 넓어진다

오오카야마에서의 경험으로, 눈이 보이지 않는 사람이 보이는 사람보다 공간을 3차원적으로 더욱 잘 이해하고 있음을 알 수 있다. 얼핏 생각하면 눈이 보이는 사람은 '예측'이 가능하기 때문에 먼 공간까지 파악할 수 있을 것 같다. 그러나 오히려 '길'에 현혹될 수 있다.

반대로 눈이 보이지 않는 사람은 눈이 예측할 수 있는 범위를 뛰어넘어 더 큰 공간을 인식할 수 있다. 볼 수 없기 때문에 볼 수 있는 범위가 넓어진다. 역설적인 표현이지만, 편견을 깨는 좋은 경험이었다.

3차원적인 오오카야마의 이미지는 '발의 촉감'과 '지명'이라는 한정된 정보만을 결부한 것이다. 다시 말해 눈으로 본 것이 아니라 '추론'을 통해 얻게 된 이미지다.

추론을 통해 얻어진 오오카야마의 산山 이미지에는 역 앞의 슈퍼마켓도 맥도널드나 병원도 없다. 밥그릇을 엎어놓은 모양의 땅에 역, 신호등, 건물 등 몇 개의 '랜드마크'만이 배치된 기하학적이고 추상적으로 도식화된 공간이다. 시각은 주로 사물의 표면을 인식할 뿐이지만, 추론을 통해서는 사물의 배치나 그 관계를 파악할 수 있다.

눈이 보이지 않는 사람은 정보가 없는 대신에 사물의 배치나 관계에 중점을 둔 이미지로 공간을 인식하는 것이다.

또한 눈이 보이지 않는 사람이 공간을 인식하는 방법은 집의 인테리어를 통해서도 알 수 있다. 인간은 인식하는 바에 따라 세계를 만든다. 즉 공간을 인식하는 방법이 기하학적이고 추상적이라는 것은, 기하학적이고 추상적으로 공간을 만든다는 뜻이다. 물론 사람마다 다르겠지만 눈이 보이지 않는 사람의 집은 대부분 기하학적이고 추상적이다.

그렇다고 해서 하얀 단색의 큐브 모양 의자가 있다거나 민무늬 카펫이 깔려 있다는 것이 아니라 엔트로피(복잡도)가 낮은, 즉 복잡하지 않은 인테리어로 꾸며져 있다는 말이다. 말하자면 불필요한 것은 없애고 질서 있게 잘 정돈되어 있는 공간을 의미한다.

그 이유는 간단하다. 잃어버린 물건을 찾기 어려워서 모든 물건은 반드시 '제자리'에 갖다놓기 때문이다. 예를 들어 가위는 서랍, 지갑은 TV 옆, 간장은 쟁반 위와 같이, 모든 물건이 제자리에 잘 정돈되어 있으면 헤매지 않고 바로 물건을 찾을 수 있다.

눈이 보이지 않는 사람은 제자리에 있지 않으면 물건을 찾기가 매우 힘들다. 모든 방을 손으로 구석구석 훑

어야 할지 모르고 친구에게 전화로 부탁해야 할 경우도 있다.

최근에는 '말하는 가전제품'도 생겨나서 귀를 통해서도 위치를 파악할 수 있게 되었다. 그럼에도 가족과 같이 살 때 겪을 여러 갈등을 피해 혼자 사는 것을 여전히 선호하는 사람들이 있다. 가족과 함께 살면 물건의 배치에도 신경을 써야 하고 덜 닫힌 문에도 부딪힐 위험이 있기 때문이다.

오오카야마를 걸어가는 것과 달리, 방은 요리를 하거나 TV를 보거나 컴퓨터를 쓰는 등 여러 가지 행동을 하는 곳이다. 여기서는 '머릿속의 이미지'와 '물리적인 공간'을 최대한 일치시켜야 문제없이 지낼 수 있을 것이다. 물리적인 공간에 머릿속의 이미지를 맞추는 것보다는 머리가 파악하기 쉬운 형태로 물리적인 공간을 만드는 것이 훨씬 더 효율적이기 때문이다. 물건 수를 줄이고 단순한 규칙으로 물건을 배치하여 엔트로피가 낮은 기하학적이고 추상적인 인테리어로 집을 완성한다. 말하자면 '머릿속의 이미지'에 맞추어 '물리적인 공간'을 배열하는 것이다.

눈이 보이지 않는 사람은 쉽게 메모를 할 수 없기 때문에 어쩔 수 없이 많은 것을 기억해야만 한다. 방 안의 모든 물건의 배치는 물론이거니와 역까지 가는 길에 무엇이 있는지, 직장에서 테이블은 어디에 있는지 등 모든 것을 기억해야 한다. 약속 장소와 시간과 같은 간단한 정보는 점자나 음성 녹음, 키보드로 입력하여 메모할 수 있지만, 공간 정보에 대해서는 메모하기 곤란하다. 눈이 보이는 사람이라면 눈으로 보아 바로 알 수 있는 것도, 눈이 보이지 않는 사람은 많은 정보를 기억함으로써 보충해야 한다.

중도 실명한 난바 씨는 눈이 보이지 않게 된 직후, '스스로 감당할 수 없을 만큼의 많은 짐을 전부 짊어지고 가야 하는 기분'이었다고 한다. 메모하기가 어려웠기 때문에 정보를 효과적으로 축적해두는 방법을 몸으로 익혀야만 했다.

눈이 보이지 않는 사람의 패션

공간이란 주제에서 조금 벗어나긴 하지만, 기하학적이고 추상적인 경향은 눈이 보이지 않는 사람의 옷차림에도 나타난다. 집 안이 잘 정돈되어 있는 것과 마찬가지로 눈이 보이는 사람 이상으로 옷차림이 깔끔한 이가 많다. 예를 들어 셔츠의 단추가 삐뚜름하지 않고 가지런히 채

워져 있는 것이 그렇다. 물론 모두 그런 것은 아니다. 시각장애인인 시라토리 겐지 씨에게 물어보니 "시각장애인은 기쿠즈스(일본에서 유행하는 스타일로, 멋을 내기 위해 바지 밖으로 셔츠를 내놓거나 기모노의 띠를 느슨하게 매기도 하고 정장에 캐주얼한 것을 조합하는 등 자연스럽게 흐트러진 모습을 연출하는 패션을 말함—옮긴이) 스타일이 아니라 어쩔 수 없이 단정치 못한 차림이 되거나, 아니면 기쿠즈스 스타일로 입지 못해서 깔끔해 보이거나 둘 중 하나입니다. 즉 결코 기쿠즈스 스타일로는 옷을 입을 수가 없지요"라고 웃으면서 대답해주었다.

시라토리 씨는 시각장애인 가운데서도 가장 스타일이 좋았다. 예전에 만났을 때 눈에 띄는 분홍색 셔츠에 헌팅캡을 쓰고 나온 모습이 인상적이었다. 어떻게 옷을 고르는지 물어보았더니 눈이 보이는 사람의 반응에 따라 자신에게 어울리는 옷으로 선택한다는 것이다. 물론 간혹 황당한 스타일의 차림새가 되기도 하지만 말이다.

어찌 되었든 '눈이 보이지 않는' 신체적 특징이 그 사람의 공간을 파악하는 방법이나 인테리어, 패션 스타일에까지 영향을 준다는 점은 매우 흥미롭다. 어쩌면 성격이나 기질에까지도 영향을 미칠 것이다.

시각능력은 사고법에 영향을 미친다

'눈이 보이지 않는' 신체적인 특징은 정보를 처리하는 방법에도 영향을 미친다. 시각장애인이라고 하더라도 장애의 정도에 따라 '사고법'에 차이가 생기기도 한다. 우선 입체시立體視에 관한 예를 들어보겠다.

미국의 신경생물학자 수전 배리는 『3차원의 기적 Fixing My Gaze: A Scientist's Journey into Seeing in Three Dimensions』에서 48세에 특수한 훈련을 받고 처음으로 입체시를 갖게 된 경험에 대해 얘기했다.

인간의 뇌는 보통 좌우의 눈에 들어오는 정보의 '차이'를 통해 사물의 거리나 입체감을 파악한다. 그러나 배리는 사시였기 때문에 사물을 입체적으로 볼 수 없었다. 잘 보이는 눈에서 들어오는 정보만을 신뢰하고 그렇지 못한 눈의 정보는 무시했다. 그러나 그녀는 인위적으로 '시차를 만듦으로써 거리감을 파악해 운전도 했고, 연구자로서 많은 서적을 읽고 논문도 발표할 수 있었다.

그러한 그녀는 48세에 처음으로 입체시를 갖게 된 뒤 낯선 공간에서도 당황하지 않게 되었다. 사물의 입체감이나 사물 간의 위치관계를 파악할 수 있게 되었고, 어떤 공간에서도 그 전체를 한눈에 그려낼 수 있게 되었기 때문이다. 즉 '공간'의 의미에 대해 알게 된 것이다. 배리는 입체시를 '매력적이고 황홀한 감각'이라고 말했다. 배리는 같은 공간 안에 사물과 자신이 공존하는 느낌, 다시 말해 '세상에 확실히 자신이 존재하고 있다는 느낌'을 48세에 처음 느끼게 된 것이다.

그렇다면 그녀의 정보 처리 방법에 어떤 변화가 생겼을까? 그녀는 공간 전체를 파악할 수 있게 된 것처럼, 논문을 읽을 때에도 전체를 대번에 파악하는 것이 가능해졌다고 한다. 그 전까지의 정보 처리 방법은 '부분을 모아 전체를 획득'하는 식이었는데, 입체시가 가능해지면서 '먼저 전체를 파악한 다음에 세부를 보는' 사고법으로 바뀐 것이다. 시각능력이 사고법에 영향을 주는 매우 흥미로운 예다.

눈이 보이지 않는 사람의 후지 산과
눈이 보이는 사람의 후지 산

눈이 보이는 사람과 보이지 않는 사람의 공간 파악과 마찬가지로, 단어의 의미를 이해하는 방법에서도 큰 차이가 나타난다. 이 두 가지가 무슨 관련이 있는가 하고 고

개를 갸우뚱할 수 있지만, 눈이 보이는 사람과 보이지 않는 사람은 단어를 들었을 때 머릿속에 떠오르는 이미지가 서로 다르다.

후지 산을 예로 들어보자. 눈이 보이지 않는 사람은 후지 산을 '위가 잘린 원뿔'의 이미지로 떠올린다. 실제로 후지 산은 위가 조금 움푹 파인 원뿔 모양을 하고 있지만 눈이 보이는 사람들은 대부분 그렇게 인식하지 못한다.

눈이 보이는 사람은 후지 산을 '밑이 넓은 八자'의 이미지, 즉 '위가 잘린 원뿔 모양'이 아닌 '꼭지가 잘린 삼각형'의 이미지로 떠올린다. 입체적이 아니라 평면적인 이미지로 인지하는 것이다. 달과 같은 천체에 대해서도 마찬가지다. 눈이 보이지 않는 사람은 달을 구형의 이미지로 인식한다. 그러나 눈이 보이는 사람은 '원형'이나 '동그란 쟁반'과 같은 이미지로, 즉 두께가 없는 평면적인 원형으로 떠올린다.

시각의 큰 특징 중 하나는 3차원적인 이미지를 2차원화하여 평면적인 이미지로 인식하게 만든다는 것이다. 특히 후지 산이나 달처럼 멀리 떨어져 있거나 거대한 것을 볼 때는, 실제로 평면적인 형상이 아님을 이미 알고는 있지만 시각은 이를 2차원화하여 입체적인 이미지로 인식하지 못한다. 이와 같이 시각이 원래의 대상을 평면화

시키는 경향도 있지만, 여기서 주목해야 할 점은 그림이나 일러스트가 제공하는 문화적인 이미지를 통해 시각에 의한 평면성이 더욱 강화되고 있다는 것이다.

예를 들어 목성을 머릿속에 그려보자. 대부분의 사람은 먼저 마블링 같은 가로 줄무늬가 들어간 갈색의 천체 사진을 떠올릴 것이다. 줄무늬가 있어서인지 목성은 제법 3차원적인 이미지로 인식되는 편이다. 그러나 달의 이미지는 정말이지 평면적이다. 달의 영휴盈虧(가득 차거나 이지러짐) 성질도 하나의 이유가 될 수는 있지만 왜 유독 달만이 2차원적인 이미지로 연상되는 것일까?

그 이유는 틀림없이, 어렸을 때 본 그림책이나 삽화 속의 달이 전부 '둥근 달'이었기 때문일 것이다. 그래서 모

👁 눈이 보이지 않는 사람이 본 후지 산.

든 사람은 달을 컴컴한 밤하늘에 둥실 떠오른 노란색의 큰 원형으로 그린다.

이처럼 문화적으로 형성된 달의 이미지가 실제 달을 바라보는 방법에까지 영향을 미치고 있다. 다시 말해 새로운 눈으로 대상을 바라보는 것이 아니라 '과거에 본 것'을 바탕으로 눈앞의 대상을 바라보는 것이다.

후지 산의 경우도 마찬가지다. 달력이나 그림책에서 데포르메déformer된 八자 모양으로 봐왔기 때문이다. 그리고 무엇보다 보름달과 후지 산은 길조의 상징으로, 복스러움을 강조하기 위해 보름달의 '아주 동그란' 이미지나 후지 산의 八자 이미지는 점점 더 강화되고 있다.

눈이 보이지 않는 사람, 특히 선천적으로 시각장애를 갖고 태어난 사람은 눈앞에 있는 물건을 눈으로 직접 볼

◉ 눈이 보이는 사람이 본 후지 산.

수 없을 뿐만 아니라 문화에 따라 구성된 시각적 이미지를 인식할 수가 없다. 즉 눈이 보이는 사람과는 달리 사물을 인식할 때 문화적인 필터로부터 자유로울 수 있다.

눈이 보이지 않는 사람의 색채 감각

눈이 보이지 않는 사람은 눈이 보이는 사람보다도 실제 그대로 사물을 이해한다. 눈이 보이지 않는 사람은 직접 대면할 수 없는 것에 대해서는 사전을 통해 배우는 것처럼 대상을 받아들이기 마련이고, 그렇기에 그 이해는 개념적인 성격을 띤다. 그중에서 특히 흥미로운 것은 눈이 보이지 않는 사람이 색채를 이해하는 과정이다.

사람마다 다르겠지만 선천적인 시각장애인일지라도 '색'의 개념을 이해하기도 한다. 자기가 좋아하는 색을 꼭 집어 파란색이라고 말하기도 하는 것을 보면 확실히 그러하다. 눈이 보이지 않는 사람은 그 색깔의 사물을 기억함으로써 색의 개념을 이해한다. 예를 들어 빨간색은 사과, 딸기, 토마토, 입술에 해당되고, '따뜻한 색'인 노란색은 바나나, 신호등, 달걀에 해당되며 '경고'를 의미하기도 한다는 것을 안다.

그런데 '혼색'만큼은 아무리 애써도 이해가 안 간다고 한다. 물감의 색이 섞이는 것을 눈으로 본 적이 있는 사람이라면, 빨간색과 노란색을 섞으면 오렌지색이 되는 것처럼 여러 색을 섞으면 다른 색이 되는 것을 이해하기란 어렵지 않다. 그렇지만 선천적으로 시각장애를 갖고 태어난 사람에게 색을 섞는 것은 책상과 의자를 섞는 것과 같이 전혀 이해할 수 없는 것이라고 한다.

눈이 보이는 사람에게는
반드시 사각지대가 있다

다시 후지 산과 달의 얘기를 해보자. 눈이 보이는 사람은 3차원적인 것을 2차원화하여 이해하지만 눈이 보이지 않는 사람은 3차원 그대로 인식한다. 즉 전자는 평면적인 이미지로, 후자는 공간적인 이미지로 이해하는 것이다.

그렇다면 눈이 보이지 않는 사람만 사물을 원래의 모습 그대로 이해할 수 있는 것일까? 엄밀히 말하자면, 눈이 보이지 않는 사람은 2차원적인 이미지를 아예 인지하지 않기 때문에 사물이나 공간을 생긴 그대로 이해하는 것이 가능하다.

눈이 보이는 사람에게는 '시점'이란 것이 있다. 시점이란 사물을 바라보는 위치를 말한다. 그러나 내가 실제로 그 위치에 서 있을 필요는 없다. 그림이나 사진을 볼 때 화가나 사진작가와는 다른 시점에서 바라보며, 현미경이나 망원경을 통해 육안으로는 볼 수 없는 시점에서 사물을 관찰한다. 상상 속의 시점도 있을 수 있겠다. '대상을 어떤 관점에서 바라보느냐'가 바로 시점이다.

똑같은 공간이라도 시점에 따라 전혀 다른 공간이 된다. 똑같은 방이라 해도 위에서 내려다본 모습과 아래에서 올려다본 모습은 완전히 다르다. 벼룩의 시점으로 마루 밑에서 올려다본 방과 파리의 시점으로 천장에서 내려다본 방은 전혀 다른 모습이 된다. 하지만 우리는 신체를 갖고 있기에 동시에 여러 시점을 가질 수 없다.

눈에 보이는 대로 받아들일 수밖에 없기 때문에 공간을 3차원적으로 인식할 수 없는 것이다. 그저 '나의 시점에서 바라본 공간'일 뿐이다.

히로세 고지로 씨를 예로 들어보자. 히로세 씨는 국립민족학박물관에서 일한다. 국립민족학박물관은 1970년에 개최되었던 만국박람회가 끝나고 전시장이 철거된 자리를 정비하여 만들었으며, 오사카 반파쿠 기념공원에 있다.

오사카 만국박람회의 상징이라고 하면 단연코 오카모토 다로의 작품인 「태양의 탑」을 꼽을 수 있다. 「태양의 탑」이 오사카 만국박람회를 대표하는 상징적인 조형물로 꼽히지만, 다로 자신은 만국박람회의 진보 사상에 회의적이라고 한다. 이는 「태양의 탑」의 얼굴이 보일 수 있도록, 단게 겐조의 작품인 「오야네」(오사카 만국박람회의 심볼존 중앙에 건설된 큰 지붕과 같은 조형물—옮긴이)에 구멍을 낸 굴욕적인 디자인을 강행시킨 것을 보더라도 알 수 있다. 따라서 엄밀히 말하자면 「태양의 탑」은 '반反만국박람회의 상징'인 셈이다. 그러나 현재는 「오야네」도 일부밖에 남아 있지 않아 넓은 공원 위에 높이 솟은 「태양의 탑」이야말로 '반파쿠 기념공원의 주인'이라 할 수 있다.

히로세 씨에 의하면 사람들에게 "「태양의 탑」에 얼굴이 몇 개 있는지 아시나요?"라고 물으면 눈이 보이는 사람들은 대부분 2개라고 답한다고 한다. 외관상으로는 맨 꼭대기에 '금색의 작은 얼굴'과 몸체 중앙에 '큰 얼굴'이 보인다.

그러나 실제로는 「태양의 탑」에는 3개의 얼굴이 있다. 앞에 2개의 얼굴이 있고 뒷면에도 '검은 태양'이라고 불리는 음산한 기운의 얼굴이 있다. 앞서 말한 달이나 후지산의 예와 비슷하게도, 눈이 보이는 사람은 반파쿠 기념 공원 입구 방향에서 본 모습만을 인식하기 때문에 뒷면의 얼굴을 알아채지 못한 것이다.

'out of sight, out of mind'란 말이 있다. 눈에 보이지 않으면 마음도 멀어진다는 의미. 눈이 보이는 사람은 보통 얼굴이 정면에 있는 것이라고 생각할 뿐, 뒤에 있다고는 전혀 생각하지 않는다.

그러나 시각장애인은 손으로 직접 모든 면을 만져볼 수 있는 모형을 통해 「태양의 탑」을 이해하고 있기 때문에 정답을 말할 수 있다고 한다. 특정 시점의 영향을 받지 않기 때문에 「태양의 탑」 그대로 입체적으로 인식할 수 있는 것이다.

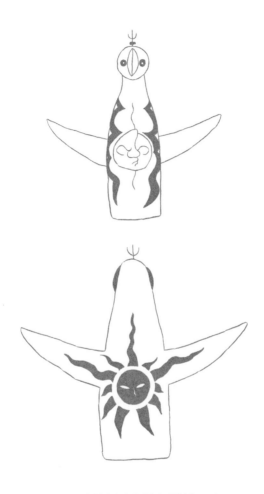

◉ 「태양의 탑」의 앞쪽(위)과 뒤쪽(아래).

눈이 보이지 않는 사람에게는 '사각지대'가 없다. 하지만 눈이 보이는 사람은 보려고 하는 한, 반드시 보이지 않는 곳이 생긴다. 그곳을 보려면 '아마도 이렇게 생겼을 거야'라는 상상을 통해 접근할 수밖에 없다.

하지만 눈이 보이지 않는 사람은 애초부터 볼 수 없기 때문에 '보려고 하면 보이지 않는 곳이 생긴다'라는 역설로부터 자유롭다. 즉 시각이 없기 때문에 사각지대가 없다는 말이다. 오오카야마의 예에서도 살펴보았듯이, 눈이 보이지 않는 사람은 자신의 시점에서 사물의 형태를 바라보는 것이 아니라 사물 간의 상관관계를 객관적으로 파악하기 때문에, 입체적으로 사고하고 이해할 수 있게 된다.

눈이 보이는 사람으로서 억울해서 하는 이야기는 아니지만, 사각지대를 꼭 부정적으로 생각할 필요는 없다. 그만큼 풍부한 상상력을 키울 수 있기 때문이다. 예를 들어 달의 뒷면에 비밀 기지가 있을지도 모른다는 판타지적인 상상은, 눈이 보이지 않는 사람에게는 공유할 수 없는 감각이다. 실로 '눈에 보이지 않는 것'을 경험할 수 있는 사람은 눈이 보이는 사람일지도 모른다.

참고로 「태양의 탑」에도 '보이지 않는 제4의 얼굴'이 지하 공간에 설치되어 있었다. 오카모토 다로는 나름대로 보이지 않는 부분에도 신경을 썼던 것이다.

◉ 눈이 보이지 않는 사람에게는 사각지대가 없다.

앞은 뒤, 뒤는 앞

눈이 보이는 사람 중에서도 「태양의 탑」에 3개(혹은 4개)의 얼굴이 있다고 정답을 맞히는 사람이 있을 것이다. 미술에 조금이라도 조예가 있는 사람이라면 크게 어려운 문제는 아니다.

하지만 눈이 보이지 않는 사람과 똑같이 「태양의 탑」을 이해한 것일까? 아마도 눈이 보이지 않는 사람과 똑같이 3차원적으로 이해했다고 말할 수는 없을 것이다. 심지어 작가인 오카모토 다로조차 눈이 보이지 않는 사람과 똑같이 태양의 탑을 이해하지는 못했을 것이다.

그렇다면 과연 어떻게 이해했을까? 나 자신도 그랬지

만, 눈이 보이는 사람에게는 세 번째의 검은 태양이 '뒤쪽에 있는 얼굴'이 된다. 빨간색의 톱니 모양이 그려져 있고 두 개의 얼굴이 있는 쪽이 '정면'이 되고, 검은 태양은 '뒤쪽에 숨겨진 면'의 얼굴로 이해하게 된다.

「태양의 탑」은 전체적으로 사람 몸의 형태와 같기 때문에 빨간색의 톱니 모양이 있는 쪽을 앞쪽으로, 검은 태양이 있는 쪽을 뒤쪽으로 이해하는 것은 자연스런 일이다. 그러나 여기서 문제가 되는 것은 앞쪽을 '정면'으로 이해하는 발상이다.

눈이 보이는 사람은 공간이나 면의 가치에 서열을 둔다. '정면'이라는 표현에도 가치의 서열이 나타나 있다. 인체에서는 얼굴이 있는 앞쪽, 건축은 파사드, 항아리라면 그림이 그려져 있는 쪽을 '정면'이라고 부른다. 그 반대편은 자동적으로 '뒷면'이 되고, 정당하지 않은, 속된, 반사회적인 등과 같은 의미를 갖는다. '이면의 얼굴' '뒷문 입학' '뒷골목'이라는 말을 보면 그 뉘앙스를 확실히 알 수 있다.

선천적으로 시각장애가 있는 사람은 앞과 뒤의 가치에 차이가 없다. 「태양의 탑」의 3개의 얼굴에 대해서도 모두 똑같은 평가를 한다. 모형을 만져서 이해하기 때문에 어떤 것이 앞쪽의 얼굴인지, 어떤 것이 뒤에 숨겨진 얼굴인지 분간할 수 없다. 모든 면을 대등하게 보기 때문에 앞이 뒤가 되고 뒤가 앞이 되기도 하는 것이다.

참고로 「태양의 탑」은 '얼굴'에 중점을 둔 조형물로, 눈이 보이는 사람을 위한 작품이라고 할 수 있다. 눈이 보이지 않는 사람에게 얼굴은 단지 신체 부위 중 하나일 뿐이며 특별한 의미를 갖지 않기 때문이다. 얼굴보다도 오히려 사람의 성격이나 감정, 컨디션을 알 수 있는 목소리를 더 중요하게 여긴다. 문화인류학자로서 '가면의 힘'에 매료되었기 때문에 다로의 모든 작품에는 얼굴에 집착하는 성향이 묻어나 있다. 다로는 뛰어나게 '보는' 예술가라고 말할 수 있다.

'안'과 '밖'이 동등한 가치를 지니다

앞이 뒤가 되고 뒤가 앞이 된다. '안'과 '밖'에도 똑같이 적용된다. 그러나 눈이 보이는 사람에게 안과 밖은 전혀 다른 것이다. 밖은 보이는 면이고 안은 보이지 않는 면, 곧 숨어 있는 면이다. 그러나 눈이 보이지 않는 사람에게는 이러한 차이가 전혀 의미를 지니지 못한다.

다음은 시각장애인 학교의 한 미술 교사가 들려준

얘기다. 하루는 점토로 조형물을 만드는 수업을 진행하는데, 한 학생이 항아리를 만들고서 그 항아리 안쪽에 세공을 하기 시작했다. 눈이 보이는 사람이라면 대부분 외측 표면에 하기 마련인데, 그 학생은 항아리 안쪽에 세공을 하고 있던 것이다. 말하자면 항아리의 '안'과 '밖'에 아무런 차이를 두지 않았다. 그저 항아리 '표면'에 세공을 한 것뿐이었다.

원래는 「태양의 탑」 내부에도 디자인이 있었다. 1970년 만국박람회 당시에는 에스컬레이터를 타고 「태양의 탑」 내부까지 견학할 수 있었는데, 점점 훼손이 심해져서 오랜 시간 대중에게 공개되지 못했다. 이후 「생명의 나무」라고 불리는, 진화 과정을 표현한 거대한 수목 형태의 오브제를 만드는 복원 사업을 거쳤고, 2015년 중에 공개될 예정이다.(내부 공개가 2018년으로 연기되었다 ― 옮긴이)

「태양의 탑」 내부에 재현한 모형이 있는지 알 수 없지만, 눈이 보이지 않는 사람에게는 내부나 외부 다 동등한 의미를 갖는다. 「태양의 탑」을 뒤집으면 「생명의 나무」가 되고 「생명의 나무」를 뒤바꾸면 「태양의 탑」이 된다. '양면의 이미지'인 것이다.

'앞'과 '뒤'에 있는 3개의 얼굴이 동등한 가치로 인식될 뿐만 아니라 '바깥'쪽 「태양의 탑」과 '안'쪽 「생명의 나무」도 동등한 의미로 받아들이게 된다. 눈이 보이는 사람으로서 이와 같은 공간 감각을 이해하려는 것은, 마치 「태양의 탑」을 흐물흐물하게 녹이는 작업과 같이 매우 힘든 일이다.

시점의 영향을 받지 않고 볼 수 있는 특징은 공간이나 사물의 인식 방법을 변화시킨다. 나아가 그러한 차이가 말의 의미, 길을 파악하는 방법, 정보 처리 방법에까지 영향을 끼친다.

이 장에서는 오오카야마, 달, 후지 산, 「태양의 탑」 등의 인식 방법을 통하여 눈이 보이지 않는 사람이 어떻게 공간이나 그 공간 안의 사물을 이해하는지 그 '보는 방법'에 대해 살펴보았다.

결정적인 차이는 '시점이 없다는 것'이다. 그로 인해 자신이 서 있는 위치에서 벗어나 길을 입체적으로 파악하거나, 실제 모습 그대로 달을 구형의 천체로 연상하거나, 앞뒤 구별 없이 「태양의 탑」에 있는 3개의 얼굴을 전부 동등하게 '보는' 것이 가능하다.

눈이 보이는 사람은 시점의 영향을 받기 때문에, 모든 면과 점을 똑같은 가치로 인식하기란 매우 어려운 문제다. 눈이 보이지 않는 사람과 비교함으로써, 시각을 통해 이해된 공간이나 입체물이 얼마나 평면적으로 다가오는가를 알 수 있었다.

눈이 보이지 않는 사람에게는 눈으로 얻을 수 있는 정보가 없기는 하지만, 이 때문에 주변의 영향을 받지 않고 자기 주도적인 삶을 일궈낼 수 있다는 점에서 오히려 장점을 지니고 있다는 생각이 든다.

물리적으로 똑같은 공간, 똑같은 물건이라도 눈이 보이는 사람과 보이지 않는 사람은 전혀 다른 의미로 해석한다. 이 '의미'의 차이를 조금이라도 느껴보았는가?

2장에서는 눈이 보이지 않는 사람의 감각을 사용하는 방법에 중점을 두고 살펴볼 것이다. 이번 장에서 '지각의 대상'이 되는 공간이나 사물이 주는 의미의 차이를 다루었다면, 다음 장에서는 '지각의 주체'에 주목하고자 한다.

앞서 눈이 보이지 않는 사람의 공간 인식을 이해하고자 하는 것은 마치 「태양의 탑」을 녹이는 작업과 같다고 말한 바 있다. 눈이 보이지 않는 사람의 감각을 사용하는 방법을 이해하고자 하는 것도 똑같이 우리가 당연시해온 몸의 형태를 흐물흐물 녹이는 경험이 될 것이다. 왜냐하면 일단 '당연함'을 허무는 일이야말로 설레는 '변신'의 첫걸음이 될 것이기 때문이다.

2장

감각

읽는 손, 보는 귀

이번 장에서는 눈이 보이지 않는 사람의 '감각'에 대해 알아보겠다. 눈이 보이지 않는 사람과 눈이 보이는 사람은 감각을 사용하는 방법이 어떻게 다를까?

눈이 보이지 않는 사람은 시각을 사용하여 인지할 수가 없다. 그렇다면 눈이 보이는 사람의 감각 전체에서 시각을 뺀다면 눈이 보이지 않는 사람과 똑같아질까? 앞서 말했듯, 당연히 그렇지 않다. 여기에는 '다리가 3개인 의자가 서 있을 수 있는 논리'가 적용된다. 즉 눈이 보이는 사람과 눈이 보이지 않는 사람은 시각을 제외한 다른 감각을 사용하는 방법이 전혀 다르기 때문이다.

쉽게 말하면 눈이 보이지 않는 사람은 시각 이외의 감각을 최대한 활용하여 시각을 보충하는 방법을 취한다. 그러나 이렇게 말하는 것은 정확하지 않다. 눈이 보이지 않는 사람이 어떻게 감각을 사용하는지에 대해 살펴보면, '보다'라는 감각을 우리가 얼마나 협소하고 융통성 없이 이해하고 있었는지 깨닫게 될 것이다.

시각이란 원래 다양하고 유동적인 것이기 때문에 보기 위해서 눈이 꼭 필요한 것은 아니다. 여기서는 눈이 보이지 않는 사람의 '보는 방법'에 더 구체적으로 접근해 시각과 신체에 관해서 더욱 폭넓게 이해하고자 한다.

눈이 보이지 않는 사람은
'특별한' 청각이나 촉각을 갖고 있을까?

흔히 눈이 보이는 사람은 보이지 않는 사람들의 감각이 자신과 전혀 다르다고 생각한다. 소리만으로도 상황을 이해할 수 있고, 미묘한 질감의 차이도 분간할 수 있을 정도로 청각과 촉각이 뛰어나다고 생각한다.

그러나 여기서는 이러한 생각을 의심하는 것에서부터 시작하고자 한다. 눈이 보이지 않는 사람은 정말로 특별한 청각이나 촉각을 가진 것일까?

그들은 확실히 어떤 면에서는 청각이나 촉각이 뛰어나기는 하다. 선천적으로 (엄밀하게 말하면, 어렸을 때는 눈이 보였으나 그 기억이 없는) 시각장애가 있는 시라토리 겐지 씨는 청각을 최대한 사용하여 물이 끓는 소리나 문이 닫히는 소리 등 소리의 반향에 따라 자신이 서 있는 장소에 대한 정보를 파악할 수 있다고 한다. 그래서 일상생활의 평범한 소리를 들음으로써 전기 포트의 위치, 방의 평수, 가구의 위치, 창문이 열려 있는지 아닌지, 커튼이 쳐져 있는지 등 머릿속에 방의 이미지를 완성할 수 있다.

그 밖에 '여자친구의 목소리로 여자친구가 화장했는지 안 했는지도 알 수 있다'고 말하는 사람도 있다. 화장을 한 날은 목소리 톤이 달라진다고 한다. 눈이 보이지 않는 사람은 소리만으로도 상대방의 성격이나 기분을 알 수 있기 때문에 예쁜 얼굴이 아니라 예쁜 목소리에 반하기도 한다고 한다. 반면에 목소리보다는 발소리로 상대방을 더 잘 파악할 수 있다고 말하는 사람도 있다. 예를 들면 멋있는 발소리, 자신에 찬 발소리 등등.

미국의 시각장애인 소년 벤 언더우드는 헛바닥으로 딱딱 소리를 내고 그 반향음을 통해 공간을 파악하는 것으로 유명하다. '반향정위反響定位'라고 불리는 이러한 인식법은 박쥐나 돌고래 같은 동물들이 쓰는 방법이지만, 벤은 이 방법을 이용하여 친구들과 스케이트보드를 탈 수도 있고 농구도 즐길 수 있다.

또한 히로세 고지로 씨는 자신의 연구실 벽을 가득 채운 책장에서 책등의 감촉만으로 책을 찾을 수 있다. 일주일에 한 번씩 도와주러 오는 직원도 찾지 못한 책을 히로세 씨는 보지 않고 찾아낸다고 한다. '와, 대단하네요! 눈이 보이지 않는 사람의 촉각은 역시 다르구나!'

👁 소리로 방의 이미지를 파악한다.

탄성이 절로 나올 수밖에 없다.

눈이 보이지 않는 사람은 청각과 촉각 등 시각 이외의 감각을 적극적으로 활용한다. 눈이 보이는 사람이 사용하지 않는 방법을 사용하는 것도 사실이다. 따라서 먼저 그 차이를 인식하는 것이 중요하다.

눈이 보이지 않는 사람을 특별하게 바라보는 시선이 가져오는 두 가지 문제점

차이를 인정하는 것과 특별하게 바라보는 것은 전혀 다르다. 시각장애인에게 '대단하다!'며 감탄하기도 하는데, 이들을 특별하게 바라본다고 하여 나쁜 것은 아니지 않느냐고 생각할 수도 있다. 그러나 이러한 태도는 두 가지 문제점을 안고 있다. 참고로 이 문제점들은 나의 추측이 아닌, 눈이 보이지 않는 사람에게 직접 들은, 즉 그들이 실제로 느낀 위화감에 관한 것이다.

우선 첫 번째 문제점에 대해 살펴보자. '대단하네요!'라는 감탄 뒤에는 눈이 보이지 않는 사람을 얕보는 시선이 있다. 그 말은 단순히 대단하다는 뜻이 아니라 '눈이 보이지 않는데도 대단하네요'라는 의미를 내포하고 있기 때문이다.

물론 이런 말을 한 사람 입장에서는 얕보려는 나쁜 의도가 전혀 없었다고 말할 수 있을 것이다. 그러나 '눈이 보이지 않는 사람은 아무것도 할 수 없다'는 생각이 무의식 속에 깔려 있기 마련이고, 그렇기에 눈이 보이지 않는 사람은 자신을 얕본다는 느낌을 받게 되는 것이다.

책장에서 책을 정확히 찾아내는 것은 눈이 보이는 사람에게는 '당연한' 행위다. 마찬가지로 눈이 보이지 않는 사람에게도 그것은 똑같이 '당연한' 행위다. 자신이 당연히 할 수 있는 일에 대해 '대단하다'라고 칭찬받는다면 누구라도 자기를 얕보는 말이라 받아들일 것이다.

그래서 나는 서장에서도 언급했듯이 '대단하네요!'가 아니라 '재미있네요!'라고 말한다. 나와는 전혀 다른 접근 방법으로 책을 찾았기 때문에, "와, 이런 방법도 있군요! 보지 않고 촉감만으로도 찾을 수 있는……"이라고 말하는 것이다. '재미있네요!'라고 생각하는 입장에 서야 비로소 서로의 차이에 대해 대등하게 이야기할 수 있다.

특별하게 바라보는 시선이 가져오는 두 번째 문제점은 눈이 보이지 않는 사람에 대한 이미지를 고정시켜버리는 것이다. 길을 걷는 것 하나만 보더라도 주변 소리에 의존하는 사람, 지팡이와 발의 촉감에서 정보를 얻는 사람,

뺨에 닿는 바람으로 길모퉁이나 엘리베이터 타는 곳의 위치를 파악하는 사람 등 그 모습이 다양하다.

똑같이 촉감을 이용하는 사람이라 하더라도 '돌다리도 두드리고 건너는' 식으로 성격이 신중한 사람이 있는가 하면, 발이나 지팡이를 사용하여 장애물에 부딪혀가며 벽이나 기둥을 파악하려 드는 사람도 있을 것이다. 자칫 위험해 보이지만, 그들은 부딪히면서 대상을 인지하는 것이다.

우리는 무의식중에 '눈이 보이지 않는 사람'은 다 똑같다고 생각하기 쉽지만, 사실 그들의 삶의 방식, 시각의 사용 방법은 매우 다양하다. 다시 말해 눈이 보이지 않는 사람의 청각이나 촉각이 발달해 있다고 그들을 특별하게 바라보는 시선은, 이와 같은 다양성을 무시해버리기 쉽다.

기노시타 씨는 "나는 전기 포트 같은 것은 어디에 있는지도 몰라요" 하며 웃어 보였다. 감각을 사용하지 않고 '다른 사람에게 물어보는' 것도 하나의 인지 방법이다. 이러한 다양성을 무시한 채 보이지 않는 사람을 그저 특별하게만 본다면, '대단하다'고 칭찬을 하려던 것이 오히려 상대방에게 부담을 줄 수도 있다.

아주 오래전에는 이타코(일본의 맹인 무녀—옮긴이)나 자토이치(신기에 가까운 능력을 가진 최강의 맹인 검객―옮긴이)처럼 시각장애인을 특별한 존재로 바라보던 경향이 있었다. 그랬기 때문에 당시에 그들은 사회적으로 높은 지위에 있을 수 있었다. 그들을 특별하게 바라보던 시선 덕분에 사회적 지위와 권리가 보장될 수 있었다면 꼭 나쁘다고만 할 수 없을지도 모른다.

하지만 그 이상으로 이들을 지나치게 신성화하는 것은 무척 거리감을 느끼게 할 수 있다. 이 책에서는 눈이 보이지 않는 사람을 친구나 이웃과 같이 친근하게 느끼도록 하는 방법을 찾고자 한다. 더 나아가 사회의 일원으로서 우호적인 공존관계를 만들어나갈 수 있는 방편을 모색하기를 희망한다.

'눈이 보이지 않는 사람=점자'라는 오해

눈이 보이지 않는 사람이 특별하지 않음을 알 수 있는 예 가운데 촉각에 관한 것을 하나 들어보자. '눈이 보이지 않는 사람은 점자를 읽을 수 있으니깐 뭐든지 촉감으로 알 수 있지 않을까?' 나도 눈이 보이지 않는 사람들을 만나보기 전에는 그렇게 생각했다. 눈이 보이지 않는 사람이라고 하면 점자, 점자라고 하면 촉각. 눈이 보이는 사람 입장에서는 무의식중에 이런 등식을 떠올리게 된다. 지하철역의 안내판 등 다양한 장소에 점자가 표시돼 있기 때문이기도 하다.

그러나 실제로는 눈이 보이지 않는다고 해서 모두가 점자를 읽을 수 있는 것은 아니다. 무엇보다도 점자를 안다고 해서, 바로 그것이 촉각의 민감함으로 이어지지는 않음을 알아야 한다. 즉 '눈이 보이지 않는 사람=점자'와 '점자=촉각'이라는 등식은 모두 신빙성이 없는 것이다.

먼저 '눈이 보이지 않는 사람=점자'라는 등식을 파헤쳐보자. 조금 지난 자료이기는 하지만 2006년 일본의 후생노동성이 실시한 조사에 따르면 일본 시각장애인의 점자 인식률은 12.6퍼센트로 나타났다. 즉 눈이 보이지 않는 사람 가운데 점자를 읽을 수 있는 사람은 불과 10명 중 1명이 조금 넘는 꼴밖에 안 되는 것이다.

인식률이 저조한 이유 중 하나로 점자가 배우기 어렵다는 점을 꼽을 수 있다. 어렸을 때 영어를 배워야 L과 R을 정확히 구분지어 발음할 수 있는 것처럼, 점자도 초등학교 5~6학년 때에는 배워둬야 어느 정도 빠르게 읽을 수 있는 수준이 된다고 한다. 성인이 되어서 사고나 병으로 시력을 잃은 사람에게 점자는 무척 어려운 장애물이다.

👁 눈이 보이지 않는 사람은
촉각이 발달되었다. 진짜일까?

또한 점자를 읽을 수 있다고 해도 자신이 점자를 쓰려면 어려움은 배가된다. 점자를 쓸 때에는 읽을 때와 방향이 반대가 되기 때문이다. 읽을 때는 왼쪽에서 오른쪽으로 읽고, 쓸 때는 오른쪽에서 왼쪽으로 써야 한다.(종이를 뒤집어야 하기 때문이다.) 다른 언어에는 없는 이러한 특성도 점자 연습을 어렵게 만드는 원인 중 하나다. 물론 점자에는 점자 나름의 문화가 있고, 어렵다고 해서 열등한 언어는 물론 아니다. 그러나 현실적으로는 점자를 완벽히 사용하기 위해 많은 노력을 해야 하는 것이 사실이다.

또 다른 이유로는 인터넷의 발달과 보급으로 인해 점자를 배울 필요성이 감소하고 있음을 꼽을 수 있다. 전자화된 텍스트는 음성 낭독 소프트웨어를 통해 귀로 듣는 것이 가능하다. '사피에(일본 점자도서관에서 운영하는 장애인 종합 정보 네트워크—옮긴이)'라는 인터넷 도서관을 이용한다면 월간지나 주간지를 거의 시차 없이 읽을 수 있고, 데이터

러나 점자를 순수한 촉각의 기능으로만 인식하는 것은 잘못된 생각이다. 이에 대해 자세히 살펴보자.

현재 일반적으로 사용되는 점자는 19세기 초에 프랑스의 맹인학교 교사인 루이 브라유에 의해 만들어졌다. 브라유 점자는 가로 2열, 세로 3행의 직사각형으로 배열된 6개의 점으로 구성되어 있지만, 이들의 점은 무작위가 아니라 일정한 규칙으로 배열된다. 즉 패턴이 있는 것이다. 게다가 이러한 패턴을 쉽게 알 수 있도록 점이 볼록솟은 높이나 점 사이의 간격이 조정되어 있다. 이러한 패턴을 알아야 점자를 이해할 수 있다.

그러나 점자가 아닌, 예를 들어 수건과 같은 것에는 패턴이 없다. 제조 공정에서 특정한 방법에 따라 직조되기는 하지만, 인간이 '읽는' 대상과 같은 어절이나 규칙이 존재하지 않는다. 손으로 만지거나 혀로 핥아 느낄 수 있는 촉감의 대상은 전부 아날로그적인 것이며, 단락이 없고 점자와 같이 숫자적 '단위'를 갖고 있지 않다. 게다가 촉각의 경우 한곳을 반복적으로 만져보면서 하나의 감촉을 오래 느끼려고 하기 마련이다. 이는 의미를 이해하면서 다음으로 넘어갈 수 있는 점자를 만지는 행위와는 전혀 다른 것이다.

한마디로 점자는 '만지는 것'이 아니라 '읽는 것'이다.

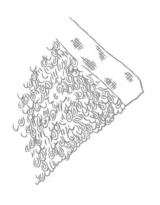

점자의 올록볼록함을 촉각으로 느끼는 건 맞지만, 실제로는 원래 뇌에 갖고 있던 패턴과 지금 손으로 만지고 있는 점의 배치 패턴을 조합하여 이해해나가는 작업이다.

달리 말해, 눈이 보이는 사람이 종이나 스크린 위에 있는 선이나 점이 만들어내는 패턴을 문자로 이해하여 의미를 해석해나가는 것과 같다고 볼 수 있다. '읽는다'는 것은 곧 이 패턴을 이해하는 행위다. 아이들이 쓴 '가'나 명필가가 쓴 '가'나 선의 배치 패턴이 같다면 같은 문자다. 수건의 질감을 분간하는 일은 아이들의 글씨와 명필가의 글씨의 질적인 차이를 비교하는 것과 같다. 이 둘의 질적 차이는 금세 알 수 있지만 그 차이가 미묘할 경우 필적 감정사에게 의뢰해야 한다.

점자를 이해하는 일은 수건을 만지는 행위와 비교하면 손가락을 사용한다는 공통점이 있지만 그 차이가 크다. 점자를 이해하는 일은 오히려 눈을 사용하여 글자를 읽는 쪽에 더 가까운 것이다. 이 점에 관해서는 생리학의 영역에서 재미있는 연구가 진행되고 있다.

생리학 연구소의 사다토 노리히로 교수에 따르면, 눈이 보이지 않는 사람이 점자를 읽을 때는 시각에 관계된 뇌의 부분, 즉 시각령이 활동한다고 한다. 그러니까 뇌에서 점자의 정보를 처리하고 있다는 것이다. 최근 들어 뇌의 가소성可塑性에 관한 이론들이 주목을 받고 있지만, 눈이 보이지 않는 사람은 뇌에서 시각적 정보를 처리할 필요가 없으므로, 점점 시각령이 시각 이외의 정보를 처리하고 있다고 한다.(비시각장애인에게는 이러한 현상이 일어나지 않는다.)

'보는' 것은 눈으로만 가능한 일일까?

점자는 촉각을, 문자는 시각을 사용해 뜻을 이해한다. 사용하는 기관은 달라도 그 기관이 하는 일은 매우 유사하다. '읽는' 일을 하는 것이다. 사람들은 흔히 '읽는' 것을 시각능력으로, 즉 눈만이 하는 일로 생각한다. 그러나 점자를 통해 읽는 행위를 한다는 걸 생각해보면 이는 잘못된 생각이다. 눈이 보이지 않아도 읽을 수 있고, 볼

수 있다. 따라서 '보는' 것
은 눈으로만 할 수 있는 일
이 아니다.

　이런 생각을 하게 된
계기는 시각장애인의 생활
보조 용품 전시장에서 경
험한 일 때문이다. 전시장

◉ 이마에 장착하는 장치.

에서는 점자 프린터 등 시각장애인에게 도움이 되는 다
양한 제품이 전시되어 있었는데, 한 부스에서 머리띠처럼
이마에 장착하는 낯선 장치를 시연하고 있는 걸 보게 되
었다. 뭔가 하고 들어보니, 이것을 장착하면 눈이 보이지
않는 사람도 주변의 장애물이나 도로를 파악할 수 있다
고 했다.

　이 장치는 눈앞의 풍경이나 영상을 순간순간 이미지
화하여 전기 자극으로 변환시킨다. 장치가 부착된 이마가
전기 자극을 출력하는 스크린 역할을 하는 셈인데, 이마
가 받은 자극을 통하여 사물의 위치와 움직임을 알 수 있
었다. 장치를 DVD 플레이어에 연결하여 디즈니 애니메이
션을 볼 수 있는 시연이 시작되었다. 몹시 궁금해진 나는
부스 앞에 줄을 서서 기다렸다.

　이윽고 내 차례가 되어 체험해볼 수 있었다. 그러나

◉ 장착 전의 풍경.

◉ 장착 후의 풍경.

결과는 예상대로였다. 사물의 입체감은커녕 아무 자극도 느껴지지 않았다. 전압을 최대로 올렸는데도 약하게 감전된 듯한 짜릿짜릿한 느낌이 전부였다. 나한테는 그저 저주파 마사지기 같았다.

그러나 나 다음으로 착용한 시각장애인은 전혀 다른 반응을 보였다. 처음에는 장치가 잘 맞지 않는 듯했는데, 직원이 조정해주고 나니 갑자기 소리치기 시작했다. "아, 보여요! 보여." DVD 플레이어에 연결된 모니터에 다람쥐가 나타날 때마다 그 사람은 소리쳤다. 눈이 보이지 않는 사람이 분명히 '보인다'고 말을 한 것이다.

'보다'의 의미를 눈과는 별개로 생각해야 한다

시각장애인을 가까이 접하다보니, 그들이 무척 자연

스럽게 '보다'라는 단어를 많이 사용하고 있음을 알 수 있었다. 이는 대부분 관습적인 것으로, 언어 규칙에 따라서 '보다'라는 단어를 사용하고 있을 뿐이다. 예를 들어 '영화를 듣는다'는 표현보다는 '영화를 본다'고 말하는 편이 자연스럽기 때문에 그런 것일 뿐, 그들이 실제로 '본다'고는 말할 수 없다.

눈이 보이는 사람에게도 마찬가지로, '확인되다見える' '겉만 번드르르한見かけ倒し' '외관상으로는一見すると' 등과 같이 '보다'라는 말이 포함된 다양한 관용 표현들이 '보다'의 의미 그대로 사용되지는 않는다. 어디까지나 비유적인 표현일 뿐, 실제의 시각적 경험이나 느낌을 말하는 것은 아니다. 하지만 이러한 표현이 처음 쓰였을 때에는 다소나마 시각적인 경험과 관계가 있었음을 짐작할 수 있다. 언어와 신체의 관계는 매우 복잡하기 때문이다. 유리병의 주둥이(주둥이는 일본어로 '구치'인데, 사람의 입을 가리키는 말과 그 발음이 같다―옮긴이)를 막아서 실험 대상자를 말하지 못하게 하는 최면술과 같이, 언어가 신체에 영향을 끼치기도 한다.

하지만 시각장애인이 쓰는 '보다' '보이다'와 같은 말을 모두 관용적인 표현으로만 볼 수는 없다. 눈이 보이는 사람이 '건너편에 산이 보인다'고 말하는 때와 같이 개인적인 경험이나 느낌을 표현하기 위해 사용하는 경우도 있기 때문이다. 이마에 두르는 장치를 사용한 시각장애인이 보인다고 외쳤을 때는 적어도 관용적인 사용이 아니다. 그것은 틀림없이 그 사람의 경험이나 느낌을 나타낸, '보인다'라는 말일 것이다.

이마에 두르는 장치는 '이마'라는 신체 부위를 연결 매개체로 이용했기 때문에 효과가 있지 않았나 싶다. 이마란, ① 일정한 면적을 갖고 있고 ② 뇌와 눈이 가깝고 ③ (평소 촉각기관으로는 사용되지 않았으므로) 센서(능동적)가 아니라 스크린(수동적)으로 기능하는 장소이기 때문이다. 이마에 이러한 특징이 없었다면 이 특수 장치에서 발생하는 전기적 신호가 단순한 자극이 아니라 '본' 경험으로 통합되지 못했을 것이다.

여하튼 그는 눈을 사용하지 않고도 '보는' 경험을 했다고 느낄 것이다. 물론 상식적으로 '보는' 행위는 당연히 눈의 기능이지만, 앞으로 시력이나 시신경이 손상된 사람도 사물을 보거나 이에 근접한 경험을 할 수 있게 될지도 모른다.

만약 그렇게 된다면 '보다'라는 단어는 우리가 통상적으로 이해하고 있는 의미와는 사뭇 다른 형태와 용례를 취하게 될 것이다.

루트비히 비트겐슈타인은 "언어의 의미는 언어 사용에 달려 있다"고 말했다. 그의 이론이 진정 맞다면, '보다'라는 단어에 시각장애인이 말하는 '보다' '보이다'의 의미도 포함돼야 할 것이다. 다시 말해 '보다'라는 말은 눈과 별개이며, 눈이 '보기' 위한 필수 조건은 아니라고 생각해야 한다.

귀로 '둘러보고' 상황을 파악한다

사실 눈이 보기 위한 필수 조건은 아니라는 발상이 엉뚱한 것만은 아니다. 이는 '보다'를 여러 갈래의 하위 개념으로 나누어보면 잘 알 수 있다. 그중 하나인 '읽다'에 대해서는 점자와 관련하여 이미 살펴보았다. 눈으로 '읽는' 것과 손으로 '읽는' 것은, 사용하는 기관이 달라도 인식하는 형태는 같은 것이었다. '둘러보다'의 경우도 마찬가지다.

'둘러보다'라는 표현은, 이를테면 옷가게에 들어가서 특별히 살 마음이 없는데 옷을 구경하는 것을 가리킨다. 여기서 중요한 것은 '특별히 살 마음이 없다'는 데 있다. 반대로 추워서 스웨터를 사려고 하는 경우라면 이를 '찾는다'고 할 수 있다. 즉 '둘러보다'를 군이 정의하자면, 특정 대상에 집중하지 않고 자신과 지금 당장은 관계가 없는 주변의 것들(그래도 언젠가는 관계가 있을지도 모르는 것들)에 대해서 정보를 모으는 행위 정도가 될 것이다.

이는 당연히 시각이 아닌 다른 감각기관을 사용해도 가능한 일이다. 예를 들어 커피숍에 멍하니 앉아 있을 때 우리는 뒤 테이블에서 하는 이야기 소리나 바깥의 차 소리를 무심코 듣게 된다. 앞에서 말한 정의대로라면 이것은 '둘러보다'에 해당되는 상황이다. 눈이 보이지 않는 사람은 귀가 '둘러보는' 것만으로도 커피숍의 상황을 파악할 수 있다. 연륜이 있는 시각장애인이라면 이러한 능력이 더욱 발달했기에, 상대방과 이야기를 주고받으면서도 주변의 모습을 소리로 '둘러보고' 있기에, 누가 알려주지 않더라도 화장실이 어디에 있는지까지 알 수 있다고 한다. '둘러보다'가 지금 당장 필요한 정보를 파악하는 행위는 아니라고 하더라도, 상황 파악에는 꼭 필요한 인식 양식이다. 시각장애인이 '특별한 청각'을 가진 것이 아니라, 눈이 보이는 사람의 눈이 하는 역할을 귀가 하는 것뿐이다.

손이나 엉덩이도 눈과 똑같은 활동을 한다

'주목하다' 역시 눈만이 할 수 있는 역할이 아니다. '주목하다'와 비슷한 표현으로는 '경청하다' '열심히 듣다'와 같은 말이 있고, 심리적인 현상으로는 '칵테일파티 효과'가 있다. '칵테일파티 효과'는 칵테일파티처럼 많은 사람이 이야기를 하는 시끄러운 환경 속에서 자신과 관련된 사람의 말만 선택적으로 듣게 되는 것을 말한다. 말하자면 주변 환경에 개의치 않고 자신에게 의미 있는 정보만을 선택적으로 받아들이는 것으로, 이는 시각 이외의 감각에도 적용될 수 있다.

대부분 눈이 보이지 않는 사람들은 시끄러운 장소를 꺼린다. 테이블에 둘러앉아 여럿이 이야기를 나누거나 식사를 하는 장소에서는 인원이 여섯 명을 넘기면 소리를 잘 분간할 수 없기 때문이다.

또한 눈이 보이지 않는 사람은 이야기를 시작할 타이밍을 잡는 데 집중한다고 말하기도 한다. 눈이 보이는 사람은 이야기할 때 상대방의 입을 지켜보고 있다가, 상대방이 말을 하고 있지 않으면 자기가 이야기를 시작하고 반대로 상대방이 말을 하려고 하면 자기가 이야기를 멈추는 식으로 대화를 이어나간다. 그러나 눈이 보이지 않는 사람은 이를 읽어낼 수가 없다. 상대가 눈이 보이는 사람이라면, 먼저 말을 해야 하는데 말할 타이밍을 잡는 데 집중하느라 정작 말을 못 꺼낼 수도 있다.

투명한 물질 또한 눈으로만 인식되는 것이 아니다. 투명한 물질이란 유리창이나 공기와 같이 '있는데 보이지 않는 것'을 말한다. 물리적으로는 분명히 존재하지만, 그것을 통하여 그 반대편에 있는 것을 지각할 수가 있는 것이다. 이와 같은 성질은 촉각에도 있다.

예를 들어 팔뚝을 잡아보면 팔뚝 속에 있는 뼈가 느껴진다. 팔뚝을 잡은 손바닥과 잡힌 뼈 사이에는 피부·근육·혈관·지방 등이 존재하지만, 그것을 통하여 안에 있는 뼈를 만질 수 있다.

또한 차를 운전하다보면 엉덩이로 도로의 울퉁불퉁함을 느낄 수 있다. 엉덩이와 도로는 직접 접촉하고 있지 않더라도 시트나 차체 프레임을 통해 전해진 진동으로 도로를 지각할 수 있는 것이다.

즉 눈만이 아니라 손이나

손이나 엉덩이도 '투명한 것'을 느낄 수 있다.

엉덩이도 투명한 것을 경험할 수 있다. 눈이 보이지 않는 사람의 손만이 시각적 기능을 하는 것이 아니다. 눈이 보이는 사람의 손이나 엉덩이도 눈과 똑같은 기능을 한다.

귀로 보다, 눈으로 듣다, 코로 먹다, 입으로 냄새 맡다

손으로 '읽거나' 귀로 '둘러보거나' 엉덩이로 '투명한 것을 감지한다'는 말은 곧 '무언가를 할 때 특정 기관이 아닌 다른 기관을 사용할 수 있음을 뜻한다. 여기서 중요한 것은 '어느 기관'을 사용하는가가 아니고 '기관을 어떻게' 사용하는가에 있다.

'읽다' '둘러보다' '주목하다'와 같은 말은, 특정 기관의 기능이 아니라 '패턴을 인식하여 의미를 파악하다' '당장 필요하지 않은 정보이지만 수집해두다' '선택한 특정 대상만 지각하다'와 같은 인식 양식에 붙여진 이름으로 생각하는 것이 바람직하다 하겠다.

생물에 비유하면, 새의 날개, 곤충의 날개, 날치의 가슴지느러미는 모두 '날기' 위한 것이다.

새, 곤충의 날개나 날치의 가슴지느러미는 사용하는

기관은 달라도 모두 위로 올려주는 힘인 양력揚力을 만들어내 날 수 있게 해준다. 진화론적으로 새의 날개는 '앞다리'가 변형된 것이다. 즉 새라는 생물은 다리로 걷거나 뛰는 것만이 아니라 날 수도 있음을 발견해냈다. 진화란 어느 기관에서 생각지 못한 능력을 발견해내는 것이라 하겠다. 따라서 진화론적으로는 기관과 능력의 관계가 결코 고정돼 있지 않다.

◉ 사용하는 기관은 달라도……

히로세 씨는 데구치 오니사부로의 시 한 편이 자신에게 힘이 돼주었다고 한다. "귀로 보고 눈으로 듣고 코로 먹고 입으로 냄새를 맡아야, 신을 알 수 있다." 오니사부로는 오모토(메이지 시대의 신흥 종교―옮긴이)의 교주였기에 '신'이란 표현을 썼지만, 이것을 '진리'로 바꾸어 말하면 누구에게나 적용될 수 있다고 히로세 씨는 말한다. 귀로 '보는 것', 눈으로 '듣는 것', 코로 '먹는 것', 입으로 '냄새를 맡는 것'은 기관과 능력의 대응관계가 맞지 않지만 감각기관의 숨겨진 능력을 최대한으로 발휘시킬 수 있는 상황을 가리킨다.

다시 말해서 기관은 그의 기능을 명확히 구분지을 수 없다. 눈으로 물질의 질감을 인식(시각적인 촉각)하거나, 귀로 들은 소리로 이미지를 연상(청각적인 시각)하거나, 맛을 보며 음식의 냄새를 맡는(미각적인 후각) 것들은 자연스럽게 일어나는 일이다.

인간의 감각을 다섯 가지로 나누어 생각하는 방식이 아리스토텔레스 사상에서 영향을 받았다지만, 청각은 청각, 시각은 시각으로 무 자르듯 나누어 생각하게 된 것은 근대적인 발상에서 비롯되었다고 히로세 씨는 말한다.

물론 절대적으로 넘을 수 없는 벽은 있기 마련이다. 아무리 귀나 손을 쓴다 해도 눈밖에 할 수 없는 일이 있다. 예를 들어 '눈이 마주치는' 경험이 있다. 친근함을 느낄 수도 있고 반대로 어색함을 느낄 수도 있는 이 행위를 귀가 대신하는 것은 아무래도 불가능한 일 같다. 그 외에도 하늘의 푸름이나 별의 반짝임 등, 눈이 보이는 사람밖에 경험할 수 없는 일이 많음은 충분히 알고 있을 것이다. 그렇다면 이를 반대로 생각해볼 때 눈이 보이지 않는 사람의 세계관을 눈이 보이는 사람이 완전히 이해한다는

눈이 보이지 않는 사람의 신체 사용법을 이해하는 첫 번째 열쇠

눈이 보이지 않는 사람은 그 나름의 신체 사용법이 있다. 그 특징을 확실히 알아보기 위해 우선 직접 겪은 사례를 들려주고자 한다.

'동네에서 어둠이 사라졌다'라는 말이 생긴 것은 일본이 고도 성장을 이룬 무렵이다. 이후 재래식 화장실이 없어지고 골목에는 불빛이 번쩍번쩍 비추고 곳곳마다 편의점이 들어섰다. 그 거리에 스마트폰을 든 사람들이 이리저리 지나다닌다. 벌써 반세기 이상 도시는 어둠이 사라진 상태로 지속되고 있다.

이 때문에 요즘은 도쿄에 '어둠 속의 대화Dialogue in the dark(줄임말로 DID)'라는 어둠을 체험할 수 있는 시설까지 생겨났다. DID 체험전은 예약제로 운영되며 시간마다 들어갈 수 있는 인원이 정해져 있다. 같은 시간에 들어온 10명 정도가 흰 지팡이를 들고 시각장애인의 안내를 받으며 암흑 속의 공간을 체험하게 된다.

완전히 빛이 차단된 공간 속에 내던져지면 보이는 세계에서는 있을 수 없는 일들이 일어난다. 처음 만난 사이임에도 팔짱을 끼고 어깨를 나란히 한 채 걷게 된다. 사람과 사람 사이의 벽을 허물고 친밀한 인간관계를 형성할 수 있는 매력적인 체험이지만, 눈이 보이지 않는 사람 입장에서는 다 큰 성인이 몸을 맞대고 비틀비틀 걸어가는 모습이 한심해 보일 수도 있다. 나는 지금까지 여러 번 DID 체험을 해봤는데 그때마다 '육식동물 앞에서 바들바들 떠는 유인원 무리'가 떠올랐다.

하지만 시각이 차단되면 앞으로 걸어 나가기 어렵기 때문에 어쩔 수 없는 현상이다. 우선 방향감각을 잃는다. 1장에서 언급했듯이 눈이 보이지 않는 사람은 상대적으로 길로부터 자유롭지만, 어둠에 익숙하지 않은 경우에는 어디가 어딘지 전혀 모를 수밖에 없다. 방향에 관해 알 수 있는 정보가 없기 때문에 어디가 벽인지 어디에 턱이 있는지 알 수가 없다.

어디로 가야 할지 방향을 모른다는 것은 물리적인 공간과 자신의 신체가 불확실하게 연결되어 있기 때문이다. 극단적으로 말하자면, 자신이 이 공간 속에 신체를 갖고 존재하고 있음을 느끼지 못하는 것이다.

물론 말을 걸면 내 목소리를 듣고 상대가 대답해주기 때문에 암흑 속에서 자신이 존재하고 있음을 확인할 수는 있다. 그러나 이마저도 실체 없는 영혼끼리의 대화같이 들린다. 존재하기는 하지만 신체가 사라진 느낌이다.

나도 신기하게, DID 체험전만 가면 신체가 사라진 투명인간이 된 것 같은 느낌이 든다.

그나마 주변에 있는 사람이나 물건에 닿는 촉각, 무엇보다 발바닥의 감각이 투명인간이 아님을 간신히 증명해준다. 암흑의 공간 속으로 들어가면 발바닥의 감각을 통해 이렇게 많은 정보를 얻을 수 있다는 사실에 깜짝 놀란다. 눈이 보이지 않는 세계에서 서치라이트의 역할을 하는 것은 눈이 아니라 발이다. 자신이 서 있는 곳이 흙 위인지 카펫 위인지, 기울어져 있는지 평평한지, 체중을 실어도 되는지 안 되는지, 다다미 방에서는 다다미 결의 방향을 통해 벽의 방향까지도 추측할 수 있게 해준다.

눈이 보이는 세계에서 발은 걷거나 뛰는 역할을 하는 신체 부위에 지나지 않는다. 그러나 일단 시각이 차단되면 발이 눈이나 귀와 같이 감각을 느낄 수 있는 기관이기도 하다는 사실을 알게 된다. 발은 운동과 감각 양쪽 기능을 갖고 있다. 지면의 상황을 촉각으로 지각하면서 무게중심을 잡고 전신을 앞이나 뒤로 움직일 수 있게 해주는 발. 암흑의 경험을 통해 발이 탐색·지지·도보와 같은 참으로 다양한 역할을 한다는 사실을 깨닫게 될 것이다.

그래서 눈이 보이지 않는 사람의 신체 사용법을 이해하는 첫 번째 열쇠는 '발'이다. '촉각은 손이라는 고정관념과 달리 눈이 보이지 않는 사람은 발을 활용한다. 촉각은 그야말로 온몸에 분포된 감각이기 때문이다.

눈이 보이지 않게 되고 나서 오히려 넘어지지 않았다

눈이 보이지 않는 사람은 발의 촉각을 사용하여 대상을 탐색하면서 길을 걷고 계단을 오른다. 걸어가면서도 탐색하고, 서 있으면서도 탐색한다. 시각장애인이라도 잘 아는 길을 걸어갈 때는 발의 탐색 기능을 별로 사용하지 않는다. 그렇다고 해서 탐색 기능을 완전히 정지하는 것은 아니다.

즉 똑같이 '걷는다'고 해도 눈이 보이는 사람과 보이지 않는 사람은 전혀 다른 운동을 하는 것이다. 2장에서 눈 이외의 감각을 통해 '보는' 방법에 대해 알아보았다. 눈이 보이는 사람과 외관상으로는 똑같은 '손으로 만지는' 행위가 눈이 보이지 않는 사람에게는 '읽는' 역할도 하는 것이었다. 이처럼 눈이 보이지 않는 사람의 발은 '걷는' 동시에 '찾는' 일도 한다.

'찾는' 행위란 어떠한 것일까? 서치라이트를 사용한

경험을 떠올려보자. 서치라이트는 문자 그대로 찾기 위해 빛을 여기저기 비춰가며 탐색하는 도구다. 발의 경우도 이와 똑같다. 그래서 제대로 찾기 위해서는 발을 잘 사용해야 한다.

이와 같이 발의 찾는 기능은 항상 발이 움직일 때만 사용되는 것은 아니다. 이동하지 않고 제자리에 있을 때도 발가락 끝을 꼼지락꼼지락 움직이며 찾는 기능을 한다. 착지하는 순간에 발가락을 살짝 미끄러뜨리거나 중심을 이동시켜 착지 방법을 바꿀 때 외관상으로 전혀 움직임이 없는 것처럼 보이지만, 이때도 발은 분명히 찾는 기능을 하고 있다.

눈이 보이지 않는 사람의 걷는 자세를 보면 발의 탐색 대상이 무엇인지 한눈에 알 수 있다. 눈이 보이는 사람이 걸을 때는 보통 처음 발이 닿는 곳에 망설임 없이 무게중심을 둔다. 바꿔 말하면 지면을 탐색하지 않는다. 그러나 눈이 보이지 않는 사람은 대번 전신의 무게중심을 옮겨 싣지 않는다. 발이 처음 닿은 곳을 '의심'하고서 가장 안전하다고 생각되는 장

◉ 발이 서치라이트가 된다.

소를 찾는다. 그러고 나서야 체중을 싣는다.

다른 말로 하자면 눈이 보이지 않는 사람의 몸통 부분은 비교적 흔들리지 않고 고정되어 있다고 말할 수 있다. 몸통을 고정하고 발이나 팔의 감각을 잘 사용해가면서 걸어가기 때문에 큰 사고가 일어나지 않는다. 눈이 보이지 않는 사람의 걷는 자세를 보면 눈이 보이는 사람에 비해 몸의 중심축이 지면과 거의 수직을 이루고 있음을 알 수 있다.

눈이 보이지 않는 사람이 계단을 오르는 모습도 관찰해보자. 처음에 발가락 끝이 계단에 닿으면 우선 계단의 폭이 어느 정도인지 탐색한다. 계단의 폭이 좁다고 파악되면 발꿈치에 체중이 실리지 않도록 무게중심을 앞으로 이동시킨다. 어디서 계단이 끝나는지도 필요한 정보다. 산길의 계단과 같이 폭이 불규칙하게 되어 있는 경우에는 하나하나 계단의 모양을 탐색해야 한다. 물론 지팡이도 활용하지만, 눈이 보이지 않는 사람은 발로 발 언저리를 비추어가면서 걸어가는 것이다.

이처럼 탐색 기능과 무게중심의 이동이 밀접하게 연관되어 있다는 것은 매우 흥미로운 사실이다. 신체가 탐색할 때면 위험한 상황에도 바로 무게중심을 바꿀 수 있다. 즉 균형 감각이 예민해지는 것이다. 이 때문에 눈이 보이지 않고 나서 오히려 넘어지지 않는 것이다.

볼더링과 마사지의 공통점

참고로 눈이 보이는 사람도 발을 서치라이트로 사용하는 경험을 할 수 있는 스포츠로 볼더링이 있다. 볼더링이란 인공 암벽에 설치된 홀드를 잡고 발을 디디며 암벽을 타는 스포츠다. 밧줄 없이 하는 암벽 등반이라고도 할 수 있다. 다리를 벌리고 딱 붙어서 암벽을 타는 모습은 흡사 스파이더맨 같기도 하다.

인공 암벽에 설치된 홀드는 다양한 크기와 모양을 하고 있다. 목표로 삼은 홀드에 발을 디딘 후 어떤 각도에서 어느 면에 체중을 실어야 안전한가를 재빨리 탐색하여 자세를 바꿔야 한다.

예전에 난바 씨와 둘이서 초급 볼더링에 도전한 적이 있다. 거기서 그는 "마사지와 비슷하네요"라고 말했다. 생각지도 못한 비유에 놀랐지만 듣고 보니 그런 것 같기도 했다.

마사지사는 환자의 몸을 만져보고 상태를 확인하면서 적당한 방향과 강도로 체중을 실으며 마사지한다. 과연 홀드에 대해 접근 방법을 탐색하며 암벽을 타는 볼더링과 통하는 데가 있었다. 암벽을 타면서 암벽을 치료하는…… 왠지 재미있는 상상이지만 마사지사는 시각장애인이 많이 종사하는 직업 중 하나이고, 볼더링 스쿨도 시각장애인에게 매우 인기가 많다. 둘 사이에 뭔가 관계가 있을 것도 같다.

눈이 보이지 않는 사람 나름의 '준비'

이처럼 눈이 보이지 않는 사람은 발을 이용하여 항상 지면에 대한 가장 안전한 접근 방법을 찾으며 걷는다. 그것은 단순한 탐색이 아니라 무게중심의 위치를 컨트롤하고 불시의 사고에 대비하고자 하는 '준비'를 포함하고 있다. 눈이 보이지 않는 사람의 몸은 탐색능력과 균형 감각을 매일 단련하는 신체라고 할 수 있다.

단 지금까지 말한 것은 어디까지나 도로나 계단에 한해서다. 도로나 계단의 지면은 항상 정지하고 있다. 움직이는 발이 움직이지 않는 지면을 탐색하는 것이다.

그러나 실생활에서는 발밑이 항상 정지하고 있진 않다. 예를 들어 지하철을 탔을 때 탐색하는 상대, 곧 무게중심을 싣게 되는 지하철도 움직이고 있는 것이다.

흔히 지면이 흔들리는 불안정한 상태는 눈이 보이지 않는 사람에게 큰 난관이라고 생각한다. 그러나 이는 눈이 보이는 사람의 편견에 불과하다. 불안정한 상황이야말로 눈이 보이지 않는 사람의 탐색능력과 균형 감각이 최대한 발휘될 수 있는 순간일지도 모른다.

어느 날 오후에 있었던 일이다. 내가 탄 지하철은 약간 붐볐고 서 있는 사람도 꽤 있었다. 이때 흰 지팡이를 든 남자가 탔다. 지하철이 많이 붐비지 않음을 감지한 것인지, 손잡이나 기둥도 잡지 않은 채 그는 문 근처에 자리를 잡고 섰다.

지하철이 움직이기 시작했다. 순조롭게 운행되다가 다음 역에 도착할 무렵 갑자기 멈추었다. 급정지까지는 아니었지만, 손잡이를 붙잡고 있던 사람들까지도 균형을 잃고 휘청거렸다. 그런데 흰 지팡이를 들고 서 있던 그 남자는 다리를 벌린 채 미동도 없이 똑같은 자리에 서 있었다.

이 이야기를 난바 씨에게 들려주었더니 그의 해석은 이러했다. "준비하고 있었겠지요. 손잡이를 찾지 못했거나 손을 뻗쳐서 찾기가 어려운 상황이어서 다리를 벌리고 균형 잡듯 딱 버티고 서 있었을 겁니다. 그리고 어느 타이밍에서 흔들릴지 예상하지요. 이에 재빨리 무게중심을 이동시켜서 넘어지지 않고 서 있을 수 있었던 것 같아요."

평상시에도 눈이 보이지 않는 사람은 보이는 사람에 비해 신발 바닥에서 느껴지는 지하철의 흔들림이나 진동에 민감하다. 지하철의 운행을 이해하는 중요한 힌트가 되기 때문이다. 선로 이음새, 속도가 어느 지점에서 증가하고 감소하는지, 지하철이 어느 부근을 달리고 있는지도 추측할 수 있다.

시각 정보가 없는 상태에서는 신발 바닥에서 느껴지는 진동이야말로 지하철의 운행을 예상할 수 있는 중요한 정보원이다. 물론 소리로도 예상할 수 있지만, 신체와 직결되어 있는 진동이 더 중요한 의미를 지닌다. 커다란 공 위에 올라서서 발로 공을 굴리는 서커스처럼, 지하철의 흔들림에 맞추어 신체의 무게중심을 이동시키거나 자세를 바꾸고는 한다. 큰 맥락에서 보면 도로나 계단을 올라갈 때 하는 일과 똑같으나 대상의 움직임과 자신의 움직임이 직결되어 있다는 점에서 중요한 차이가 있다.

눈이 보이는 사람은 시각 정보가 있기 때문에 무의식적으로 무게중심을 옮기거나 자세를 고치게 된다. 하지만 눈이 보이지 않는 사람은 시각 정보가 없는 만큼 자신의 신체가 지하철의 움직임에 더 직접적으로 연결되어 있다.

즉 지하철과의 일체감이 강하다고 볼 수 있다.

게다가 난바 씨가 말한 바와 같이 눈이 보이지 않는 사람은 앞으로 일어날 법한 일에 대해 더 신중하게 예상하고 준비한다. 흔들림이나 진동의 느낌을 통해 갑자기 균형을 잃는 상황을 예상하고 대비하는 것이다. 여기에는 감각기관인 동시에 운동기관이기도 한 발의 맹활약이 숨어 있다.

이에 대해 조심성이 많다고 말할 수도 있겠지만 어떠한 일이 발생해도 대응할 여유를 갖고자 하는 것이다. 하지만 아무리 생각해도 지하철 안에서의 돌발 상황에 대비하는 모습은, 자토이치의 수행과 마찬가지로 놀라울 따름이다.

블라인드 서핑:
눈이 보이지 않는데 어떻게 파도를 탈 수 있을까?

눈이 보이지 않는 사람은 흔들림이나 진동을 발바닥으로 느끼면서 그 움직임에 맞춰 자신의 무게중심을 이동시킴으로써 균형을 잘 잡는 능력이 있다. 이 능력을 최대한 활용할 수 있는 스포츠로는 서핑이 있다. 파도의 움직임을 맨발로 느껴 그 움직임을 예상하면서 그에 맞춰 발로 균형을 잡는다. 눈이 보이지 않는 사람의 서핑, 즉 블라인드 서핑이다.

눈이 보이지 않는 사람이 서핑할 수 있다는 사실을 알고 나도 처음에는 놀랐다. 일본에는 아직 많이 보급되어 있지 않은 장애인 스포츠이지만, 가나가와 현의 구게누마에는 시각장애인을 대상으로 서핑을 가르쳐주는 교실도 있고 거기서 체험도 해볼 수 있다. 그중에서도 요시하라 시게오 씨는 2000년 시드니 장애인 올림픽의 블라인드 서핑 부문에도 출전했던 강자다. 그는 다양한 스포츠에서 활약하는 일본의 국가대표 선수로 2000년 시드니 장애인 올림픽에 출전하여 자전거 부문에서 딴 금메달을 포함하여 총 4개의 메달을 획득한 바 있다.

눈이 보이지 않는데 어떻게 파도를 탈 수 있을까? 파도는 부서지지 않으면 소리가 나지 않기 때문에, 파도가 밀려오는 타이밍은 눈이 보이는 사람에게 물어본다고 한다. 하지만 그 이상은 아니다. 보드를 통해서 발바닥에 전해져오는 파도의 감각에만 의존한다. 직접 접촉하고 있으므로 파도의 움직임을 민감하게 느낄 수 있다.

'파도를 타'는 것은 자연을 상대로 하기 때문에 '지하철을 타'는 것과는 전혀 다르다. 자연이라는 상대와 하나가 되었을 때의 그 묘미란 느껴보지 못한 사람은 모른다고 한다. 요시하라 씨는 자연과의 일체감이란 어떤 말로도 설명할 수 없다고 했다. 아마도 온몸이 짜릿짜릿한 느낌이 아닐까?

중심을 하나로 만든다

요시하라 씨는 서핑 외에도 높이뛰기나 축구 등 다양한 스포츠 분야에서 활약하고 있는데, 상대의 움직임에 맞춰 자신의 자세를 컨트롤할 수 있는 서핑과 가장 유사한 스포츠로 자전거 경기를 꼽는다. 그중에서도 요시하라 씨가 금메달을 획득한 탠덤 자전거(좌석이 앞뒤로 나란히 있는 2인승의 긴 자전거―옮긴이)를 이용한 타임트라이얼 경기(자전거 경기에서 일정 거리를 개별적으로 주행하고 그 소요 시간을 겨루는 경기―옮긴이)를 살펴보자. 탠덤 자전거 앞에는 눈이 보이는 사람이 타고 뒤에 요시하라 씨가 탄다.

앞에 탄 선수는 핸들을 사용해 운전하기 때문에 '파일럿'이라고 일컫는다. 컨트롤은 눈이 보이는 사람의 몫이고, 뒤에 있는 요시하라 씨, 즉 '사이클리스트'는 다리 힘을 이용해 오로지 페달 밟는 역할만 하는 것일까? 아니다. 그렇게 단순하지만은 않다.

요시하라 씨는 '중심을 하나로 만드는 것'이 탠덤 자전거의 요령이라고 한다. 한 대의 자전거에 두 사람이 타기 때문에 얼른 생각하면 각각이 자신의 균형으로 자전거에 체중을 싣게 되어 무게중심이 두 개가 되겠지만, 이 두 개의 중심을 하나로 만들어야 좋은 경기를 펼칠 수 있다고 한다.

중심을 하나로 합치기 위해서는 사이클리스트 요시하라 씨가 앞에 있는 파일럿의 중심에 자신의 중심을 합쳐야 한다. 예를 들어 코너를 돌 때는 파일럿이 도는 타이밍보다 조금 앞서 자신도 코너를 돌아야 한다. 그래서 약간 앞으로 기울어진 상태에서 페달을 밟는다고 한다. 자전거를 통해 앞 파일럿의 움직임을 감지하면서, 그 몸에 맞춰서 자신의 중심을 컨트롤한다. 탠덤 자전거에서는 상대가 페달을 밟는 힘을 조금 빼기만 해도 민감하게 느껴진다고 한다. 마치 두 개의 몸이 하나가 되는 일체감을 느낄 수 있는 것이다. 시속 70~80킬로미터까지 속도가 나고, 코너를 돌 때는 '자전거가 벽에 곤두박질칠 것 같은 느낌'이 된다.

즉 요시하라 씨는 자전거에 탈 때 자전거뿐만 아니라 앞사람에도 타는 것이다. 앞사람의 무게중심에 자기의 무

로, 다이쇼 시대 우에시바 모리헤이에 의해 시작되었다. 태평양 전쟁 당시 군사 훈련으로 이용되다가 전쟁 후 문부성의 허가를 받아 합기도라는 이름으로 불리게 되었다. 합기도의 창시자인 우에시바 모리헤이는 아무것도 보이지 않는 칠흑 같은 어둠 속에서도 진검을 피할 수 있는 실력까지 갖추었다고 전해진다. 물론 합기도 실력이 그 정도까지는 되지 않더라도 접촉한 부분에서 상대의 '기'를 느낄 수 있음은 일상생활의 경험으로도 이해된다.

예를 들어 아이들이나 연인과 손을 잡고 걸어갈 때 손을 통해 상대방의 기분이나 상태가 어떠한지를 구체적으로 느낄 수 있다. 전기에 감전된 것처럼, 손과 손, 혹은 입술과 입술이 닿는 순간에 기가 흐르는 것이다. '기는 흐른다'고 한다. 상대와 자신이 기의 흐름을 통해 하나가 되는 것이다.

◉ 상대의 전신을 능숙하게 탄다.

블라인드 서핑에 서라면 상대는 파도다. 하지만 합기도가 다루는 기의 흐름은 눈에 선명하게 보이는 것이 아니다. 그렇지만 기는 촉각을 통하여 전달되는 상대의 신체 상태에 따라 자신이 어떻게 움직이면 되는지 알게 해준다. 게다가 합기도에서는 상대를 넘어뜨리기 위해서 상대의 힘을 역으로 이용하는데, 신체와 신체의 접촉을 통해 수동적인 입장에서 능동적인 입장으로, 능동적인 입장에서 수동적인 입장으로 전환되는 것이다. 상대의 신체를 '능숙하게 타기' 위해 밀고 당기기가 이루어진다.

신체의 본질: 싱크로 능력

상대와의 촉각적 접촉을 통해 상대의 신체나 파도, 또는 자전거와 같은 사물과 하나가 된다는 말은, 완전한 합체는 아니지만 하나가 되는 듯한 느낌을 받는 것이다. 깊게 생각해보면, 부분적인 접촉만으로 상대와 하나가 된 듯 느끼게 된다는 것은 말이 안 되는 이야기다.

그러나 이런 경계의 모호함이야말로 신체의 본질이 아닐까 한다. 사물과 나의 경계선을 없애고 다른 사물과 접촉하여 내 신체 범위가 확장되거나 축소되거나 하는 것은, 현실적으로는 있을 수 없는 일이지만 감각적으로는 이해되는 일이다.

인간은 여느 동물과 달리 도구를 사용하는 동물로 정의된다. 물론 최근에는 원숭이도 도구를 사용할 수 있다고 알려졌기 때문에 엄밀하게 말하자면 이 정의는 맞지 않지만, 이에 대한 논의는 일단 제쳐놓고 이야기를 시작해보자.

예를 들어 펜을 잡고 펜촉을 종이에 대면 종이의 감촉을 느낄 수 있다. 펜을 쥐고 있는 손에서가 아니라 종이와 닿아 있는 펜촉에서 느끼는 것이다. 마치 펜이 나의 신체 일부분이 된 것처럼 느낀다. 눈이 보이지 않는 사람이 사용하는 흰 지팡이는 신체의 이러한 성질을 이용한다.

또 의족을 사용하는 사람도 의족을 자신의 신체 일부분으로 느끼지 않으면 능숙하게 사용할 수 없다. 절단되거나 존재하지 않는 사지가 몸에 여전히 붙어 있는 듯이 느끼는 것을 '환상 사지'라고 말한다. 한 가설에 의하면 의족을 능숙하게 사용하기 위해서는 적절한 환상 사지가 필요하다고 한다. 만약에 '자신에게는 다리가 없다'고 생각해버리면 의족에 대해 이물감을 느끼게 된다. 신경학자 올리버 색스의 보고에 따르면 매일 아침 절단 부분을 때려서 일부러 환상 사지의 통증을 유발시키려는 사람도 있다고 한다.

이처럼 신체에는 자신 이외의 물체나 타인과 함께 호

응하여 일을 완수해내는 능력, 즉 '싱크로 능력'이 있다. 만약에 우리 신체에 이런 능력이 없었더라면 신체가 할 수 있는 일은 매우 한정적이었을 것이다. 다양한 물체나 사람과 호응하는 가능성을 지니고 있기에, 장애 유무와 관계없이 신체가 본래 갖고 있는 이런 유연한 능력이 인간의 활동을 든든히 지탱해주고 있는 것이다.

블라인드 축구:
공 차는 소리를 들으며 경기를 '보다'

지금까지 서핑·자전거·합기도에 대해 알아보았다. 이번에는 조금 다른 성격인 축구에 대해 알아보자. 눈을 사용하지 않고 하는 축구를 블라인드 축구라고 한다.

블라인드 축구는 시각장애인만 하는 스포츠가 아니다. 눈이 보이는 사람이 안대를 하고 경기에 함께하는 경우도 있기 때문이다.

경기 규칙을 간단하게 설명하면, 코트의 크기는 풋살(각각 5명의 선수로 구성된 두 팀이 겨루는 미니 축구 게임—옮긴이)과 같으며 필드 플레이어 4명과 골키퍼 1명까지 총 5명이다. 콜러라 불리는 코치는 상대 골의 뒤에 서서 공을 가지고 있는 선수에게 골까지의 각도나 거리를 목소리로 지시하고, 그것에 기초하여 선수는 경기에 임한다. 여기서 골키퍼나 콜러는 '눈이 보이는 사람'이 맡도록 규정되어 있다.

그리고 시합에 사용되는 공에도 특징이 있다. 공 안에 납 구슬이 들어가서 딸가닥딸가닥 하는 소리를 낸다. 또한 수비할 때는 "보이(스페인어로 '간다'는 말—옮긴이)"라고 소리를 내야 한다. 자신의 존재를 알려 위험한 충돌을 막고자 함이다.

이처럼 블라인드 축구는 공이 굴러가며 내는 소리, 수비수의 소리, 콜러의 소리 등등으로 시끄럽다. 중요한 것은 선수들이 소리를 통해 정보를 얻는 데 있으므로 관중석은 조용히 관람하는 것이 매너다. 단 골이 들어갔을 때는 예외다. 그때는 크게 함성을 질러도 상관없다.

그리고 공을 차는 소리를 통해 어떠한 자세로 어떻게 차는지도 알 수 있다고 한다. 요시하라 씨는 블라인드 축구 선수이자 지도자이기도 하다. 지도할 때에는 공을 차는 소리로 말미암아 선수의 플레이를 '본'다고 한다.

보통 맹인학교에서는 골볼(소리가 나는 공을 이용하여 상대팀 골에 공을 넣는 장애인 스포츠 경기—옮긴이)이나 수영, 육상과 같이 대인 플레이가 없는 안전한 스포츠를 주로 채택

한다. 이에 비해 상대 팀과 부대끼며 경기하는 블라인드 축구는 시각장애인 스포츠로서 지금까지 전혀 상상하지 못한 획기적인 것임이 틀림없다.

요시하라 씨는 2011년에 '노기자카 나이트'라는 이름의 블라인드 축구팀을 만들었다. 팀 이름은 선수들이 퇴근 후 도쿄 지하철 지요다 선의 노기자카 역 인근 공원에 모여 연습하는 데 착안해서 지었다고 한다.

나도 연습하는 모습을 직접 보러 갔었는데 주변이 몹시 깜깜했다. 그러나 선수들은 희미한 가로등 불빛 밑에서 패스를 주고받으며 연습을 하고 있었는데, 눈이 보이지 않는 선수들은 밝건 어둡건 문제가 되지 않기 때문이다. 오히려 눈이 보이는 나로서는 메모할 수가 없어서 불편했다. "눈이 보인다는 것은 실로 불편한 일이로구나." 에도시대의 시각장애인 국학자 하나와 호키이치의 말이 떠올랐다.

눈이 보이지 않는 사람의 슛을 막기는 매우 어렵다

블라인드 축구는 보통의 축구와 비교해 속도나 규모는 떨어지지만 짜릿한 스릴과 역동성이 있다. 예컨대 슛을 하는 타이밍이나 방향에 대해 전혀 감을 잡기 어렵다는 점이다. 노기자카 나이트의 골키퍼도 "눈이 보이지 않는 사람의 골을 막기는 어렵습니다. 하지만 그만큼의 성취감이 있지요"라고 말한다.

왜냐하면 일단 눈이 보이지 않는 사람의 표정을 읽기 힘들기 때문이다. 눈이 보이지 않는 사람, 특히 선천적 시각장애인은 표정 변화가 거의 없다. 그래서 언제 어떻게 슛을 하려고 하는지 전혀 예측할 수가 없다.

또 다른 하나는 드리블의 차이다. 눈이 보이지 않는 선수는 안전한 드리블을 위해 양발로 공을 에워싸면서 최대한 자주 찬다. 일반적인 축구라면 대개 쓰는 한 발로 네 걸음에 한 번 정도 차지만, 블라인드 축구에서는 한두 걸음마다 한 번꼴로 공을 찬다. 즉 잘게 나누어 드리블하면서 공을 계속 발밑에 두는 것이다.

또 일반적인 축구에서는 선수가 슛을 할 때 우선 공을 약간 앞으로 찬 다음 달려와 슛을 한다. 그러나 블라인드 축구에서는 드리블 상태에서 느닷없이 슈팅을 하곤 한다. 발밑에 공을 항

◉ 갑자기 슈팅을 한다.

상 놓고 있기에 언제 슛을 할지 모른다. 콜러의 소리를 통해 골대의 위치나 방향을 예측하고는 대번에 슛을 한다. 슛을 하기 전에 사전 동작이 없기 때문에 갑자기 공이 날아오는 것처럼 느껴진다.

"아! 이것이 메시의 플레이로구나"

참고로 이렇게 잦은 드리블을 잘하는 선수로는 아르헨티나의 국가대표 리오넬 메시를 꼽을 수 있다. 당연히 메시 정도의 수준이면 공을 안 보고도 드리블을 할 수 있을 것이다. 요시하라 씨에 의하면 메시는 이른바 '블라인드 축구와 같은 경지'라는 것이다. 요시하라 씨는 농담 삼아 이렇게 말한다. "'아! 이것이 메시의 플레이로구나' 생각하며 블라인드 축구를 하지요."

뛰어난 축구 선수는 확실히, 항상 공을 보면서 경기를 하지 않는다. 즉 프로 수준이 되면 눈을 사용하지 않고도 축구 경기를 펼칠 수 있는 것이다. 그런 면에서 블라인드 축구란 프로 수준의 축구에서 비롯된 것이 아닐까 하는 생각도 든다.

블라인드 축구에서는 소리가 나는 공을 사용하긴 하

지만, 요시하라 씨는 드리블이나 슛을 하는 데는 소리가 필요하지 않다고 한다. 단 트래핑을 할 때는 소리가 있어야 하는데, 그 이외에는 앞이 보이지 않아도 할 수 있는 스포츠라는 것이다.

또한 오히려 눈이 보이지 않기 때문에 경기를 폭넓게 즐길 수 있다고 한다. 1장에서 눈이 보이지 않는 세계에는 사각지대가 없다고 말한 바 있다. 즉 자신의 등 뒤에 있는 선수의 움직임까지도 파악할 수 있다. 따라서 블라인드 축구에서는 힐패스heel pass가 자주 목격된다. 만약 메시도 등 뒤를 느낄 수 있게 된다면 그는 천하무적의 선수가 될 것이 틀림없다.

공포심을 극복하는 방법

그러나 시각을 배제한 상태에서 스포츠를 한다면 '전력'을 다해 임할 수 있을까 하는 의구심이 생긴다. 눈이 보이는 사람 입장에서 보면 시각이 차단된 상태에서는 공포심 때문에 전속력으로 뛰거나 힘껏 슈팅을 할 수 없기 때문이다.

실제로 난바 씨는 실명한 직후 재활의 일환으로 스

포츠를 하게 되었는데, 처음에는 굉장히 당황했었다고 한다. '자, 시작합시다' 하는 말과 함께 갑자기 사람들이 볼의 구슬 소리를 따라 운동장을 막 뛰기 시작했다는 것이다. 아무것도 잡지 않은 채. 난바 씨도 가만히 있으면 안될 것 같아 필사적으로 뛰긴 했지만 많이 놀랐다고 했다.

공포심을 극복하기 위해서는 그것에 익숙해지는 수밖에 없다. 예를 들어 눈이 보이는 사람에게 강화 유리 위를 걸으라고 하면 처음에는 무서울 것이다. 그러나 몇 번 경험해보면 예측이 되기 때문에 공포심은 사라진다. 이것이 '익숙해짐'이다.

익숙해짐은 머릿속에서 그려지는 이미지와 관계가 깊다. 1장에서 언급한 바와 같이 사람은 자기만의 방식으로 이해한 주변의 환경을, 말하자면 머릿속에 그려진 이미지 속을 걷거나 뛰거나 한다. 그것은 눈이 보이는 사람이나 보이지 않는 사람이나 똑같다. 단 머리로만 이해할 뿐 실제 이미지로 느껴보지 않으면 공포심은 사라지지 않는다. 그래서 강화 유리 위를 걸어보지 않은 상태에서는 공포심을 느끼는 것이다.

눈이 보이지 않는 사람이 스포츠를 할 때도 이미지가 큰 역할을 한다. 요시하라 씨는 22세에 앞이 잘 보이지 않게 되었는데, 그 무렵에 높이뛰기라는 스포츠에 처음으로 도전했다. 매 순간 변하는 상황에 대처해야 하는 서핑과는 달리, 높이뛰기의 경우에는 자신이 어떻게 뛰어넘을지에 관하여 사전에 이미지를 완전히 만들어둔 다음 그대로 점프한다. 중요한 경기건 아니건 똑같이 '머릿속의 바'를 뛰어넘는다. 이른바 '이미지 트레이닝'과 같은 것으로, 주변 환경은 물론 자신의 움직임까지 머릿속에 이미지를 만들어 그 속에 몰입한다.

특히 높이뛰기에서는 도움닫기의 이미지가 중요하다. 도움닫기는 점프의 성공 여부를 판가름하는 중요한 동작이다. 눈이 보이는 사람의 경우 도움닫기가 점프의 성공 여부에 영향을 끼치는 비율은 60퍼센트 정도인 데 반해 눈이 보이지 않는 사람은 80~90퍼센트나 된다. 하지만 도움닫기 거리를 보통 두세 걸음밖에 할 수 없다. 요시하라 씨는 약시이기 때문에 조금 더 길게 도움닫기를 할 수 있지만, 전맹인 사람은 길어야 다섯 걸음 정도밖에 도움닫기를 할 수 없다고 한다.

이 불리한 조건을 어떻게 극복하면 좋을까? 도움닫기의 가장 이상적인 동작을 시뮬레이션화하고는 그대로 따라하며 몸이 완전히 그 동작을 외우도록 연습한다. 바를 뛰어넘는 것을 목표로 삼는 것이 아니라, 그 과정에서의 동작 연습에 힘을 쏟는다. 이는 마치 안무와도 비슷해 보인다. 완벽한 안무를 익히고 나면 결과적으로 바를 무사히 뛰어넘게 되는 것이다.

물론 스포츠는 승부가 갈리는 게임이기 때문에 현장에서 돌발 상황이 생기게 마련이다. 그러나 바를 뛰어넘기 위해서는 머릿속에 미리 만들어놓은 이미지에 철저하게 집중하는 것이 중요하다. 돌발 상황에 대한 부정적인 예감은 바로 공포심을 유발한다. 돌발 상황을 배제하고 안전한 이미지에 몰입한다면 공포심은 생기지 않을 것이다.

눈이 보이지 않는 사람은 눈이 보이는 사람보다 무엇이든 훨씬 더 몰입할 수 있다. 이것도 1장에서 언급한 대로 눈이 보이지 않는 사람은 불필요한 정보에 휘둘리지 않기 때문이다. 뛰어난 집중력이 무술에서도 도움이 된다고 히로세 씨는 말한다. 예를 들어 거합도에서는 머릿속에서 이미지화한 적을 향해 칼을 내리친다. 이미지에 맞춰 신체를 움직이는 능력은 눈이 보이지 않는 사람 쪽이 더 뛰어나다고 할 수 있다.

이번 장에서는 눈이 보이지 않는 사람의 신체 사용법에 대해 중점적으로 알아보았다. 운동기관이면서 감각기관이기도 한 '발'의 특성을 살린 뛰어난 탐색능력과 균형감각, 이미지에 강하게 몰입할 수 있는 집중력…… 이처럼 시각장애라는 신체의 부분적인 특징은 그 사람의 온몸의 사용 방법을 완전히 다르게 변화시킨다.

장애와 무관한 사람은 없다. 누구나 나이를 먹으면 시력도 떨어지고 귀도 어두워지며 무릎도 아프게 된다. 정도의 차이는 있겠지만, 말하자면 누구나 장애를 갖게 되기 마련이다.

일본이 향후 몇 년 안에 초고령화 사회에 진입하리라는 전망이 쏟아지고 있다. 사회에 고령자가 늘어난다는 것은 장애인이 늘어나고 있다는 말이기도 하다. 다양한 장애를 가진 사람이 다양한 신체를 구사하여 하나의 사회를 만들어나가는 시대, 즉 초고령화 사회가 된다는 것은 신체 다양화의 시대를 맞이한다는 얘기이기도 하다. 여기에 의료 기술이나 공학 기술의 발전도 큰 기여를 한 셈이다.

특히 초고령화 사회에서는 사람과 사람이 서로를 이

해하기 위해 상대의 신체 모습을 알아야 한다. 다른 나라 사람과 원만한 의사소통을 하기 위해서 그 나라의 문화나 역사를 알아야 하듯이 앞으로는 상대가 어떠한 신체를 갖고 있는지 알아야 하는 것이다.

위해서 소셜 뷰잉의 방법이 어떻게 생겨났는지 우선 그 역사를 알아보자.

"우리 같은 시각장애인도 로댕을 볼 권리가 있습니다"

일본에서 소셜 뷰잉이 처음으로 생겨난 것은 20년 전의 일이다. 그때까지는 시각장애인의 미술 감상이라고 하면 오로지 촉각을 사용한 방법뿐이었다. 물론 요즘에도 촉각은 보편적인 방법으로 널리 사용된다.

손으로 직접 만지며 미술 감상을 할 수 있는 갤러리로는 도쿄에 있는 '갤러리 톰'이 유명하다. 갤러리 톰은 1984년 아동극 작가 무라야마 아도가 도쿄 시부야 주택가에 세운 작은 미술관이다.

톰이라는 명칭은 무라야마 아도의 아버지인 무라야마 도모요시의 사인인 Tom에서 따왔다고 한다. 무라야마 도모요시는 마보(다다이즘과 구성주의를 표방한 일본 최초의 전위 예술 그룹—옮긴이)의 멤버로 활동해온 유명한 예술가다. 아도에게는 시각장애인 아들이 있었는데, "우리 같은 시각장애인도 로댕을 볼 권리가 있습니다"라는 그 아들의 말에 영향을 받아 갤러리 톰을 설립하게 되었다고 한다.

갤러리 톰은 현재도 '시각장애인을 위한, 손으로 만져볼 수 있는 갤러리'로 활발하게 기획전을 열고 있다.

손으로 만지며 감상하는 방법에는 뭔가 특별한 것이 있다. 히로세 고지로 씨는 이를 '촉각의 아우라'라고 말한다. 아오모리 현에 있는 산나이마루야마 유적의 수장고에서 조몽 토기(일본 신석기시대의 토기—옮긴이)를 손으로 직접 만져봤을 때의 감동이란 이루 말할 수 없다고 한다.

수천 년 전의 사람이 만들어 사용하던 물건을 내가 직접 만져볼 수 있는 경험에는 '진짜의 아우라'가 아닌 다른 말로는 표현할 수 없는 무언가가 있었다.

히로세 씨는 직장 동료와 함께 민족학박물관에 '세계를 만지다'라는 코너를 마련했다. 거기서는 세계 각국의 도구를 직접 만져볼 수 있다. 실제로 시공을 초월해 자신이 그 시대의 사람으로 돌아간 것 같은 신기한 경험을 하게 되는데, 이는 만져보지 않고서는 느낄 수 없는 경험이다.

"시각장애인도 그림을 감상할 수 있다"

이처럼 만져서 감상하는 방법은 그것만의 큰 장점이

있다. 하지만 미술 감상에서는 아무래도 여러 제약이 따른다. 우선 조각 같은 입체작품 위주로 전시 내용이 제한돼버린다. 그림을 입체화하여 감상할 수 있는 방법도 개발되었지만, 아무래도 입체화하게 되면 회화보다는 조각에 가까워지기 때문이다. 더욱이 영상작품은 만져서 감상한다는 것이 아예 불가능하다.

그런데 '시각장애인도 그림을 감상할 수 있다'고 말한 이가 있었다. 바로 '세션!'에서 같은 그룹이 되었던 시각장애인 시라토리 겐지 씨다. 틀에 갇히는 것을 매우 싫어하는 행동파이며, 불굴의 개척정신을 가진 시라토리 씨만의 특별한 발상이다.

그러나 그 당시 상황으로는 매우 비현실적인 발상이었을 것이다. 시각장애인 중에는 굳이 그림까지 보지 않아도 상관없다고 생각하는 사람도 꽤 많다.

하지만 시라토리 씨가 아무 근거 없이 한 말은 아니다. 실제로 자신이 그림을 감상해본 경험을 바탕으로, 만져서 감상하는 방법과는 다른 방법을 구상하게 된 것이다.

1990년대 중반 당시 대학생이던 시라토리 씨는 친한 친구를 따라 미술관에 가게 되었다. 그는 그때까지 한 번도 미술관에 가본 경험이 없었다.

미술관에서는 레오나르도 다빈치에 관한 전시가 열

리고 있었다. 레오나르도 다빈치의 「인체 해부도」가 여러 점 전시되고 있었는데, 마사지 공부를 했었던 시라토리 씨에게는 익숙한 내용이었다. 그래서 그는 여느 사람 못지않게 친구와 즐겁게 전시회를 관람할 수 있었다. 이 경험이 바로 '시각장애인도 그림을 감상할 수 있다'고 하게 됐던 이유다.

전국으로 확산된 소셜 뷰잉

이후 시라토리 씨는 그림을 감상할 방법을 찾기 위해 여러 미술관을 돌아다니며 협조를 요청하는 활동을 시작했다고 한다. "저는 시각장애인인데 전시회를 관람하고 싶습니다. 미술관 직원 한 분만 동행해주시면 안 될까요?" 그러나 대부분의 미술관에서는 "우리는 그런 서비스를 제공하고 있지 않습니다"라며 난색을 표했다. 하지만 시라토리 씨는 여기에 굴하지 않고 어떻게 해서든 감상 경험을 쌓아나갔다.

그러던 중 시라토리 씨가 개인적으로 펼치던 활동이 점점 더 확산되는 조짐을 보였다. 우선 장애인들의 예술 문화활동을 촉진하기 위해 결성된 단체인 '에이블 아트

재팬Able Art Japan'이 1999년에 시라토리 씨와 공동 기획으로 워크숍 '둘이서 보면 비로소 알게 되는 것'을 개최했다.

또한 그때의 참가자나 스태프가 중심이 되어 2000년에 뮤지엄 어프로치 앤드 릴리싱Museum Approach and Releasing(MAR)이 출범했다. MAR는 2000년대 중반에만도 30회 이상 '소셜 뷰잉' 투어를 개최했다. 동시에 2002년 교토에서도 '뮤지엄 액세스 뷰Museum Access View'의 활동이 시작되었고, 곧 각지의 미술관으로 번졌다. '소셜 뷰잉'은 그야말로 전국적으로 퍼졌다. 내가 참가한 미토 예술관의 '세션!'도 시라토리 씨의 활동이 계기가 되어 시작된 기획이었다.

그 후 복지 사업을 하던 하야시 겐타 씨가 MAR와 미토예술관의 활동을 참고해서 2012년에 '시각장애인과 함께하는 미술 감상 워크숍'이라는 단체를 설립했다. 이 단체는 현재도 가장 열성적인 활동을 펼치며, 수도권 미술관을 중심으로 이미 30회 이상의 워크숍을 개최하고 있다. 도쿄에 있는 일본 최대의 미술관인 도쿄도 현대미술관에서도 음성 가이드를 만드는 기획을 주도하는 등 다양한 활동을 전국에서 이어오고 있다.

'의미' 공유: 소셜 뷰잉의 흥미로움

소셜 뷰잉에 관해 좀더 구체적으로 알아보자. 이미 말했지만 소셜 뷰잉은 '눈이 보이는 사람에 의한 해설'이 아니다. 눈이 보이는 사람의 말이 정답은 아니기 때문이다.

'시각장애인과 함께하는 미술 감상 워크숍'을 개설한 하야시 씨는 워크숍을 시작하기 전에 참가자에게 이렇게 설명한다. "감상하실 때는 눈에 보이는 것과 눈에 보이지 않는 것을 말씀해주시면 됩니다." 여기서의 '눈에 보이는 것'이란 눈앞에 있는 그림의 크기나 색, 모티프 같은 것을 말한다. 한마디로 얘기하면 '시각적 정보'다. 그리고 '눈에 보이지 않는 것'은 자기만의 생각, 인상이나 떠오른 기억 등 '주관적인 의미'를 말한다.

'객관적 정보'는 눈이 보이지 않는 사람도 책을 읽으면 알 수 있다. 예를 들어 「모나리자」는 몇 년도에 그려진 작품인지, 모델의 자세와 표정, 배경은 어떠한지와 같은 정보 말이다. 하지만 그것은 어디까지나 책을 통해 얻은 '정보'에 불과하다. 이는 결코 그림을 '감상'한 것이 아니다.

오프라인보다 온라인이 주가 된 정보화 시대에 굳이 미술관에 모여 작품을 감상하는 이유는, 눈에 보이지 않는 것, 즉 '의미'의 부분을 공유하는 재미가 있기 때문이다. 물론 작품을 본 순간 한눈에 의미를 알 수 있는 사람은 없을지 모른다. 한참 동안 작품을 바라보기도 하고 고민도 하다가 인상적인 부분을 바탕으로 작품에 차근차근 접근해가는 것이다. 처음에는 막연했던 느낌이 조금씩 선명해지면서 자신만의 '의미'를 더듬더듬 찾아나갈 수 있게 된다. 감상은 느린 걸음과 같다. 경우에 따라서는 틀린 길이거나 아닐 수도 있는데, 여러 갈래의 길이 있어 목적지를 쉽게 찾을 수가 없다. 그러나 멀리 돌아간다는 사실이 중요한 것이다.

시라토리 씨는 흥미로운 경험담을 하나 들려주었다. 미술관에 다닌 지 얼마 안 돼서 생긴 일이었다. 인상파 작품 전시회를 보러 갔었는데, 미술관 직원이 한 작품에 대해 "여기에는 호수가 있네요"라고 설명해주었다.

시라토리 씨는 직원 말을 바탕으로 어떠한 그림일까 상상하고 있었다. 그런데 갑자기 그 직원이 자신이 잘못 말했다며 "자세히 보니 들판이네요"라고 정정해주었다. 그 직원은 미술관에서 매일같이 그 그림을 봤을 텐데 완전히 다른 것으로 착각하고 있었던 것이다. 하지만 사실 이러한 점이 '소셜 뷰잉'의 재미라고 할 수 있다.

'눈의, 눈에 의한, 눈을 위한' 인상파의 그림

일상생활에서 들판을 호수로 착각하는 사람은 없다. 들판과 호수는 전혀 다른데, 왜 들판이 호수로 보였던 것일까? 아마도 그 그림이 인상파 기법의 작품이기 때문일 것이다.

인상파의 특징은 빛을 그림으로 표현하는 데 있다. 처음 유럽에 갔을 때 그곳의 햇빛을 보고 '이것이 인상파의 빛일까' 하고 생각했던 기억이 난다. 일본에서는 햇빛이라고 하면 따스한 느낌을 주지만, 유럽에서 본 태양은 반짝반짝한 느낌이었다. 반짝거리는 빛을 받은 풍경이나 인물이 우리 눈에 들어오면 눈까지 반짝거리게 된다. 인상파는 이러한 것을 그리고자 했다.

색을 표현할 때도 그림물감을 미리 섞어서 색을 만든 다음 캔버스에 칠하는 것이 아니라, 여러 색을 수많은 점으로 찍어 표현하여 멀리 떨어져서 봤을 때 하나로 다 섞여 보이게 되는 기법을 사용하기도 한다. 인상파의 그림이란 실로 '눈의, 눈에 의한, 눈을 위한' 것이라고 할 수 있다.

하지만 시각장애인이 이해하기에는 매우 힘든 미술 기법이다. 반짝거리는 느낌을 대체 어떤 말로 표현하면 좋을까? 물론 눈이 보이지 않는 사람이 시각적으로는 경험할 수 없지만, 다른 방법으로 전달하면 인상파의 그림을 이해할 수 있을지도 모른다.

여기서 '의미'가 생겨난다. 들판을 호수로 착각한 미술관 직원의 해석을 통해 뜻하지 않게 인상파의 본질을 짐작할 수 있었다. 들판은 무슨 색일까? 여름에는 초록색일지 모르지만, 가을이 되어 단풍 들면 갈색, 밤이 되면 검은색, 겨울이 되어 눈이 쌓이면 흰색으로 보일 수 있다. 즉 '이것이 들판의 색이다'라고 정해진 것은 없다.

호수도 마찬가지다. 파란색, 초록색, 빨간색, 노란색…… 계절과 시간에 따라 색은 계속 변한다. 기존의 고정관념에 따라 사물을 인식하지 않고 눈에 보이는 순간적인 모습에 주목하는 인상파의 그림으로는, 그것이 들판인지 아니면 정말 호수인지 명확한 구별이 어렵다.

따라서 인상파의 그림으로는 실제로 호수와 들판이

◉ 호수 같은 들판.

비슷하게 보일 수 있다. '호수 같은 들판'이라고 하면 얼핏 말이 안 된다고 생각할지 모르지만 인상파를 이해한다면 미술관 직원의 착각도 정답일 수 있는 것이다. 그냥 '들판'이 아니라 '호수 같은 들판'이다. 이는 인상파의 정의라고 해도 좋을 만큼 그 본질을 잘 나타낸다.

교과서에서는 호수 같은 들판이라고 설명하지 않는다. "이 그림에는 들판이 그려져 있다"는 내용만 적혀 있다. 하지만 호수 같은 들판은 본 사람의 경험에 근거한 '의미'다. 물리적으로는 똑같은 것을 보았지만 작품을 감상한 사람 입장에서는 호수에서 들판으로 의미가 바뀐 것이다. 사실적인 정보에 의하지 않고 멀리 돌아가는 것이야말로 인상파의 본질을 잘 알 수 있는 방법이라 하겠다.

'길을 찾아가는' 미술 감상

정보로서의 '들판'에는 시간 개념이 없지만, '호수인 줄 알았는데 들판이다'라는 말에는 과정이 포함되어 있다. 소셜 뷰잉의 재미는 목표 지점에 도달하기까지의 과정을 공유하는 데 있다.

앞서 말한 예는 기껏 두 사람 간의 과정 공유였지만,

참가자가 대여섯 명이 되면 모두가 헤매기도 하고 때로는 서로의 의견이 상반돼 충돌하기도 한다. 서로 다양한 의견을 내놓으면서, 공동 작업으로 그럴싸한 작품 해석을 만들어간다. 침묵이 흐른다고 해도 침묵 나름의 의미가 있다.

실제로 호수가 들판으로 변하는 것은 흔한 일이다. 저 유명한 요코오 다다노리의 작품을 보자. 당연히 여자로 보였던 신부가 자세히 관찰하니 여자가 아니라 남자이거나, 판사가 판결을 내릴 때 치는 판사 봉 소리가 사실은 테니스 코트에서 공이 튀는 소리라거나 하는 때가 많이 있다.

똑같은 파란색이라도 차갑다고 느끼는 사람이 있는가 하면 차분해 보인다고 말하는 사람도 있고, 서로의 다양한 얘기로 꽃을 피운다.

즉 소셜 뷰잉은 눈이 보이지 않는 사람에게는 물론, 눈이 보이는 사람에게도 재미있는 미술 감상 방법이다. 그렇다면 작품은 대체 어떻게 해석하면 좋을까? 해석에는 정답이 없다. 도착지를 '목표'로 하는 것이 아니라 '길을 찾아가는 과정'을 공유하는 것이기 때문에 감상에 생생한 현장감이 생긴다. 만약 소셜 뷰잉의 방법으로 미술 작품을 한번 감상해보고 나면 혼자 조용히 미술관을 둘러보던 기존의 방법으로는 왠지 부족하게 느껴질 것이다. 눈이 보이는 사람이나 보이지 않는 사람이나 소셜 뷰잉의 현장감 넘치는 매력에 푹 빠지게 될 것이다.

정보를 얻는 것이 미술 감상의 목적은 아니다

이처럼 소셜 뷰잉의 목적은 작품에 대한 지식을 얻고자 함이 아니라 작품 해석에 다다르기까지의 과정과 경험을 공유하는 데 있다.

이는 '코페르니쿠스적 전환'과도 같은 발상의 전환이다. 시라토리 씨의 예리한 통찰력은 처음부터 이 점을 간파하고 있었던 것이다.

시라토리 씨가 처음으로 미술관에 가려고 마음먹고 나서 눈이 보이는 한 친구에게 이런 질문을 했다고 한다. "어떨 때 미술관에 간 보람을 느끼지?"

시라토리 씨는 감상이라는 행위 자체보다도 그 결과로 얻어지는 이로움, 즉 '이득'의 부분에 먼저 관심을 가졌던 것이다. 자신도 그 이득을 얻고 싶지만 눈이 보이지 않는 이상 친구와 같은 방법을 사용하지 못한다. 그렇지만 똑같은 방법을 사용할 수 없다고 해서 포기하는 것이 아니라 그 이득을 얻기 위한 다른 방법을 고민했다. 어떤 면에서는 매우 합리적인 발상이라고 할 수 있다.

그때 시라토리 씨의 질문에 친구는 "작품을 보고 새로운 걸 발견하거나 깨달음을 얻을 때, 아니면 감동을 받을 때 미술관에 간 보람을 느끼지"라고 대답했다. 그 친구의 말을 듣고 시라토리 씨는 그렇다면 눈이 보이지 않아도 갈 수 있겠다는 자신감이 생겼다고 한다. 즉 작품에 대한 정보를 얻는 것이 미술 감상의 목적이 아니라는 것을 시라토리 씨는 이때 알게 된 셈이다. 그 친구가 "실물을 본다는 점이 가장 좋아"라고 대답했더라면 아마 미술관에 가려던 계획을 포기했을지도 모른다.

미술관에 발을 디디게 된 건 그 친구의 대답 덕분이라고 말하지만, 미술 감상을 할 수도 있겠다고 생각하게 된 배경에는 시라토리 씨가 시각장애인으로서 세상을 살아가는 방법이나 가치관과 비슷한 점을 미술 감상에서 찾았기 때문일 것이다.

'목적을 위해서는 수단을 가리지 않는다'는 표현은 어쩐지 위험한 발상 같지만, 달리 생각해보면 수단은 달라도 목표를 달성하려는 합리적이고 융통성 있는 사고방식을 나타낸다. 이는 시라토리 씨가 가진 개척정신의 바탕이 된다.

한번은 시라토리 씨가 초등학교 때의 에피소드를 들려주었다. 어느 날 가족과 함께 TV로 영화를 보는데, 모두가 큰 소리로 웃고 있었다. 뭐가 웃긴지 궁금해서 엄마한테 물어보았더니, 차들이 추격전을 펼치고 있는데 바나나를 길에 떨어트려 뒤에 오던 차를 따돌리고 있다고 설명해주었다고 한다.

그런데 시라토리 씨는 엄마의 설명을 들어봐도 전혀 웃기지 않았다. 재미있는 이유를 이해하는 것과 실제로 웃는 것은 전혀 별개임을 알 수 있었다.

이후에도 비슷한 일을 여러 번 경험하면서, 시라토리 씨는 '설명을 들어봤자 의미가 없음'을 초등학교 때 이미 깨닫게 되었다. 나중에는 마음을 바꿔 내용을 완전히 이해하지 못해도 주변 분위기에 따라 웃는 편이 좋겠다는 생각을 하게 되었다고 한다. 결과적으로 함께 웃지만 내용을 완전히 파악하기 위한 수단에는 집착하지 않는 것이다.

물론 그것은 반드시 적극적인 선택이라고 말할 수는 없다. 같은 수단을 사용할 수 없다 해도 일단 함께 웃지 않으면 눈이 보이는 사람 중심의 사회에서는 살아갈 수

단 여기서 중요한 점은 한 작품에 대해 여러 가지 해석이 가능하다는 것이 아니라, 타인의 말을 들은 다음 그림을 보면 정말로 그렇게 보이는 현상이다. 연어 도시락이라는 이야기를 듣고 보면 연어 도시락 그림으로 보이고, 우체통 안이라는 이야기를 듣고 보면 틀림없이 그렇게 보인다. 물리적으로는 똑같은 사물이라도 보는 방법에 따라 다르게 보이는 것이다.

연어 도시락과 우체통 안이라고 보는 경우는 관람자의 시선 방향이나 공간적인 상황이 전혀 다르다. 연어 도시락의 경우는 짙은 남색이나 주황색의 사각형을 바탕(밥) 위에 얹혀 있는 반찬으로 보는 것이지만, 우체통 안이라고 생각하는 경우는 중간의 짙은 남색의 사각형이 구멍이며 창문이다. 즉 완전히 갇힌 상태라는 것이다. 시선의 방향도 다르다. 연어 도시락은 위에서 내려다본 것이지만, 우체통 안이라고 보는 경우는 캔버스를 뚫고 밖을 향한 시선이다. 연어 도시락의 마크 로스코와 우체통 안의 마크 로스코는 전혀 다른 경험을 하는 셈이다.

그러나 우리는 언어를 통해 타인이 보는 방법까지도 자신의 것으로 만들 수 있게 되고, 나아가 두 가지 경우의 작품을 모두 느껴볼 수 있다. "아, 알겠다"며 이해가 되는 순간, 상대가 그림을 보는 방법으로 작품을 보는 것이 가능해졌다는 의미다. 바로 '타인의 눈으로 사물을 보는' 경험이다.

이해가 되는 순간 눈앞에 있는 그림이 정말로 연어 도시락에서 우체통 안으로 바뀐 것처럼 느껴진다. 이는 마치 마법과 같은 변화다. 연어 도시락에서 우체통 안으로 변할 뿐만 아니라 '깔려 있는 이불'이나 '불에 타는 철제문' 등으로 언어와 함께 차례차례 변형돼나간다. 연어 도시락도 되고 우체통 안도 되고 깔려 있는 이불도 되고 불에 타는 철제문도 되는 것이다. 예술작품은 본질적으로 천의 얼굴을 가진, 무한한 가능성의 세계다.

소셜 뷰잉이란 '타인의 눈으로 사물을 보는' 경험을 최대한 느껴볼 수 있기에, 가장 매력적인 감상 방법이라고 할 수 있다. 그러기 위해서는 무엇보다 작품을 보고 서로 이야기를 나누는 것이 중요하다. 다른 사람의 이야기를 들으며 작품을 감상하다보면 눈앞의 작품이 다른 작품으로도 변화하는 모습을 직접 느낄 수 있기 때문이다. 이론적으로는 언어가 아닌 각자의 해석을 글로 써서 그것을 읽어가며 감상하는 방법도 소셜 뷰잉의 방법이 되겠지만, 옆사람의 말에 영향을 받아 눈앞의 작품이 변화해나갈 때 느끼는 놀라운 현장감과는 비교할 수가 없다.

그리고 '언어 도시락'이 '우체통 안'으로 마술처럼 변했듯이 난바 씨의 머릿속에서 유리잔이 도자기 잔으로 변화한 것을 상기해보라.

작품을 감상할 때 우리는 머릿속에서 작품을 다시 만들게 되는데, 이 '머릿속의 작품'은 매우 유연하다. 이 유연함은 눈이 보이지 않는 사람이 평상시에 경험하는 이미지의 유연함과 같다. 눈이 보이지 않는 사람이 언어를 통해 힘으로 '작품'이 변화하는 것을 경험하듯, 눈이 보이는 사람도 이와 똑같은 경험을 할 수 있다. 즉 소셜 뷰잉은 눈이 보이는 사람도 타인의 눈으로 작품을 보는 재미, 타인의 시선으로 작품을 느껴볼 수 있는 감상 방법이다.

물론 눈이 보이는 사람에게는 눈앞에 있는 물리적인 대상이 변하는 것이고 눈이 보이지 않는 사람에게는 머릿속에 있는 순수한 이미지가 변하는 것이기 때문에 완전히 똑같은 경험을 하는 것은 아니다. 선천적인 전맹인이라면 머릿속에 있는 것은 시각적인 이미지가 아니기 때문에 더 큰 차이가 날 것이다.

하지만 눈이 보이는 사람도 이미지를 자유자재로 변화시키는 놀라운 능력을 경험해볼 수 있다는 점만큼은 확실하다. 눈이 보이는 사람도 눈이 보이지 않는 사람과 보는 방법이 거의 같아지는 놀라운 일이 작품 감상에서는 일어날 수도 있다.

촉매 역할을 하는 장애

이처럼 소설 뷰잉에는 보통의 감상 방법과는 달리 '타인의 눈으로 보는' 재미가 있다. 여기서 중요한 것은 '언어'라는 요소다. 언어의 마법에 의해 '연어 도시락'이 '우체통 안'이나 '이불'로 변신하게 되는 것이다.

소설 뷰잉에서 눈이 보이는 사람이 자기 생각을 언어로 표현하는 이유는 그 자리에 눈이 보이지 않는 사람이 함께 있기 때문이다. 하지만 이는 익숙하지 않은 사람에게 꽤 어려운 일이고, 때로는 부담이 될 수도 있다.

눈이 보이는 사람끼리라면 "이 파란색 뭔가 느낌이 있네요"라는 표현으로도 의사소통을 할 수 있지만, 눈이 보이지 않는 사람은 전혀 이해할 수 없다. 이를 구체적으로 표현한다면, "하늘보다는 바다의 푸른 빛깔…… 그것도 구름이 잔뜩 낀 날의 바다…… 조금 무거운 느낌"이 될 것이다. 즉 눈이 보이지 않는 사람이 함께 있다면 '왠지 알 것 같은' 식의 표현은 안 된다.

미술 감상이라 하면 주로 조용히 혼자서 하는 것이 습관처럼 굳어서 처음에는 많은 사람이 이를 어려워한다. 예술이란 언어로 표현할 수 없는 감각적인 것이라고 생각할 수 있겠지만, 일단 한번 언어로 표현해보면 자기 생각을 명확하게 가다듬을 수도 있고 타인의 눈으로 보는 재미도 깨닫게 된다. 무언의 감상과는 다른, 창조적인 감상을 경험할 수 있을 것이다.

즉 시각장애는 대화 방식에 변화를 주기도 하고 인간관계를 두텁게도 하는 '촉매' 역할을 한다. 장애가 오히려 촉매제가 되는 것이다. 눈이 보이는 것을 기준으로 생각하면 눈이 보이지 않는 것은 부정적인 '벽'으로밖에 인식되지 않지만, 눈이 보이지 않는 특징을 받아들인다면 그것은 창조적인 활동을 촉진하는 긍정적인 요소가 될 것이다.

눈이 보이지 않는 사람과 함께 있으면, 성격이 조금 변하는 것을 느낄 수 있을 것이다. 한마디로 수다쟁이가 된다. 뭐든지 말로 하기 때문에 이상하게 긴장이 풀어지고 편안해진다. 다음 장에서 다루게 될, 눈이 보이지 않는 사람이 갖고 있는 유머 감각 덕분이기도 하지만, 보통의 인간관계보다 스스럼없이 친해질 수 있는 편안함이 있다. 바로 촉매 효과다.

하야시 씨의 '시각장애인과 함께하는 미술 감상 워크숍'에서는 눈이 보이지 않는 사람을 '내비게이터'로 부른다. 눈이 보이는 사람이 보이지 않는 사람을 인도하는 것이 아니라 정반대. 물론 기본적으로는 눈이 보이는 사람이 보이지 않는 사람에게 팔꿈치를 빌려줘야 하고 작품 설명을 소리 내어 읽어줘야 한다. 하지만 눈이 보이는 사람으로부터 말을 끄집어내고 작품 감상을 이끌어나가는 것은 도리어 눈이 보이지 않는 사람의 힘이다. 즉 그들이 내비게이터라고 불리는 이유다.

눈이 보이는 사람도 제대로 보지 못한다

여기서 중요한 것은 장애인이 뛰어나다는 점이 아니라 장애가 촉매 작용을 함으로써 사람들과의 관계에 변화를 가져온다는 점이다. 하야시 씨는 이렇게 말한다.

"기존의 선입관을 버리고 눈이 보이지 않는 것이 우월하다는 인식이 고정되면, 오히려 독선적인 가치관으로 고착될 우려가 있습니다. 저는 그러한 것이 아니라 서로 영향을 주고받으며 관계에 변화가 생기는 그러한 상황을 만들고 싶습니다."

말하자면 이는 '특별하게 바라보는 시선'도 '동등한 관계'도 아닌 '변화하는 관계'다. 소셜 뷰잉은 서로의 단순한 의견 교환이 아니라 작품을 다시 만들어나가는 공동 작업이기 때문에, 서로에게 영향을 미치며 도와주는 관계가 빛을 발할 수 있는 것이다.

변화는 눈이 보이지 않는 사람에게도 일어난다. 시라토리 씨는 소셜 뷰잉과 같은 미술 감상을 통해 '보는 것'에 대한 생각이 바뀌었다고 한다. "지금까지는 줄곧 시각 장애에 대해 부정적인 생각을 갖고 있었습니다. 눈이 보이는 것이 정상적인 것이요, 보이지 않는 것은 정상적이지 못한 것이지요. 또한 눈이 보이는 사람의 말에는 절대적인 힘이 있으며, 눈이 보이는 사람은 강하고 눈이 보이지 않는 사람은 약하다고요. 하지만 눈이 보이는 사람도 들판을 호수로 잘못 보기도 한다는 것을 알고 나서 제 생각이 변하기 시작했어요.(웃음)"

즉 시라토리 씨는 '보는 것'이 절대적인 것이 아님을 알게 되었다. 그리고 눈이 보이는 사람에 대한 생각에도 변화가 생기기 시작했다고 한다.

"눈이 보여도 제대로 보지 못할 수 있는데, 그렇다면 내가 시각장애에 대해 그렇게 열등감을 가지지 않아도 되겠다고 생각했어요. 눈이 보이는 사람의 말을 절대적으로

믿지 않고 내가 선택해서 받아들여도 되겠다고 생각하기 시작했던 거죠."

눈이 보이는 사람도 제대로 보지 못할 수 있다는 사실을 시라토리 씨는 알게 된 것이다. 장애로 말미암아 보는 것에 대해 다시금 생각하게 되고 그 과정에서 얻은 깨달음이 사람들과의 관계를 변화시킨다. 이를 통해 복지와는 다른 차원의 '흥미로움'을 기초로 하여 장애를 긍정적으로 활용할 수 있는 방법을 모색하게 된 것이다.

이번 장에서는 '소셜 뷰잉'이라는 미술 감상 방법을 예로, 언어를 도구 삼아 '타인의 눈으로 보는 것'에 대해 이야기해보았다.

눈이 보이는 사람과 보이지 않는 사람이 함께 힘을 모아 머릿속에서 작품을 다시 만들어나가는 과정은, 결국 보는 것에 대해 새로이 생각하게 되는 작업이기도 하다. 눈이 보이는 사람이 사실은 제대로 보지 못할 수도 있고, 눈이 보이지 않는 사람이 훨씬 더 융통성 있게 볼지도 모른다는 사실, 이러한 것을 깨달으며 서로의 관계가 변화하기 시작한다.

소셜 뷰잉 이외에도 최근에는 장애를 촉매로 활용하는 움직임이 일어나고 있다. 예를 들면 '인클루시브 디자인inclusive design(장애인이나 노인 등 사회적 약자를 배려하는 디자인 —옮긴이)'은 만드는 과정에 장애인을 적극적으로 끌어들인다. 비장애인과 달리 장애인은 '특수한 상황에 놓인 사용자'이기 때문에 새로운 관점을 갖고 있을 수 있다. 그 점을 창조적으로 연결하고자 하는 것이다.

장애인의 복지 문제도 중요하겠지만, '장애가 긍정적인 요소로 활용될 수 있는 길'을 더 많이 열어내는 사회적 협업 또한 중요하다 하겠다.

5장

유머

살아남기 위한
무기

이 책의 바탕은 객관적이고 추상적인 '정보'와 주관적인 생각이나 느낌인 '의미'를 비교하는 것이다. 의미에는 눈이 보이지 않는 신체적 특징으로 인해 저절로 생겨난 것과 눈이 보이지 않는 사람이 의도적으로 만들어낸 것이 있다. 마지막 장인 이 장에서는 눈이 보이지 않는 사람이 의도적으로 만들어낸 의미의 결정판, '유머'에 대해 생각해보고자 한다.

유머란 남을 웃기는 말이나 행동을 일컫는데, 장애가 웃음의 소재가 되는 경우를 살펴보도록 하겠다.

장애라고 하면, 일반적으로 어둡고 심각한 이미지를 내포하며 병이나 사람의 죽음과 같이 결코 웃음의 소재로 삼아서는 안 되는 것 중 하나로 인식된다. 초등학교 시절 같은 반 친구 중에 장애가 있는 아이가 있었는데, 그 친구를 절대로 놀려서는 안 된다며 엄하게 꾸짖으시던 담임선생님의 얼굴이 지금까지 기억난다.

그러나 실제로 만나본 장애인들 중에는 주변 분위기를 유쾌하고 즐겁게 만드는 밝은 성격의 소유자가 많았다. 물론 밝은 모습의 이면에 보이지 않는 수많은 노력이 숨어 있을 테지만 말이다. 그 점을 잊어서는 안 되겠지만, 눈이 보이지 않는 사람에게 드러나는 유머 때문에 내가 갖고 있던 편견마저 확 날려버리는 통쾌함을 느끼기도 한다.

눈이 보이지 않는 사람의 유머에는 눈이 보이는 사람을 향해 던지는 근본적인 제안이 담겨 있다. '장애는 이런 식으로 다루는 것이다' '나에게 장애란 이런 것이다'라는 내용이다. 여기서는 그 제안에 귀를 기울여보고자 한다.

이 책의 서두에서도 말했듯이 나는 눈이 보이지 않는 사람과 '친구'나 '동네 이웃'처럼 친근한 관계를 맺고 싶다. 오늘날 사회는 장애를 어떻게 다루는 게 가장 좋을까? 이 책 전체 내용을 정리하는 의미에서 장애와 웃음, 장애와 사회의 관계에 대해서도 생각해보기로 하자.

'불편함'을 다루는 방법

사회는 눈이 보이지 않는 사람에게 맞춰진 공간이 아니다. 역 앞에는 불법으로 주차된 차들이 즐비하고, 터치스크린이 점점 증가하여 물건을 하나 살 때도 사인을 해야 한다.

이 불편함에 맞서 취할 수 있는 방법이 몇 가지 있다. 가장 직접적인 방법은 행정 기관에 이의를 제기하거나 권리를 요구하며 길거리 시위를 하는 방법이 있다. 이른바 '시민운동'이다. 몇몇 중요한 활동을 꾸준히 이어가면서 여론이나 행정제도가 바뀌는 사례를 많이 봐왔다.

하지만 내가 만나본 시각장애인 중에는 그와는 다른 전략을 취하는 사람도 있었다. 불편한 환경을 억지로 바꾸려 하지 않고 자신의 태도와 생각을 바꾸는 것이다.

여기서 사용되는 무기가 '유머'다. 불편한 상황을 유머로 반전시킴으로써 사회에 자신을 억지로 끼워 맞추지 않아도 된다. 어쩌면 개인적이고 단순한 허세로 보일 수도 있지만 결코 그렇지 않다고 생각한다. 그 이유에 대해서는 마지막에 설명하도록 하겠다. 우선은 구체적인 예를 살펴보자.

오늘 먹게 될 스파게티는
미트 소스일까? 크림 소스일까?

집에서 스파게티 만들어 먹기를 즐기는 난바 씨는 자주 인스턴트 스파게티 소스를 사러 간다. 소스 가운데는 미트 소스와 크림 소스 등 다양한 맛이 있지만, 레토르트 포장의 형태가 모두 똑같기 때문에 난바 씨로서는 뜯어보지 않고서 무슨 맛의 소스인지 알 수가 없다. 미트 소스가 먹고 싶은데 정작 사온 것은 크림 소스였던 때가 허다하다.

누구에게나 이 상황은 백 퍼센트 화날 법하다. 하지만 난바 씨는 그렇게 부정적으로만 받아들이지 않는다. 먹고 싶었던 소스가 나오면 당첨, 그렇지 않으면 꽝. 난바 씨는 '제비뽑기'나 '오늘의 운세'와 같은 상황으로 생각하며 즐긴다. "물론 아쉬울 때도 있죠. 하지만 두근두근 오늘은 무엇이 나올까 생각하고 먹으면 재미있어요. 마음가짐이랄까요? 생각을 바꾸면

◉ 스파게티 소스로 오늘의 운세를 점쳐본다.

밀이 관점의 이동에 있다고 말한다. 힘들고 괴로운 현실일지언정 그 상황을 초월하여 '세상사 다 그런 것'이라며 유머로 웃어넘긴다. 유머는 고통스러운 상황에서도 자기를 보호하기 위한 하나의 자기방어 수단이라고 프로이트는 말한다.

이것은 말하자면 마조히즘적인 관점이다. 마조히즘이라고 하면 어쩐지 성적인 표현 같지만, 그 본질은 부정적인 상황을 긍정적으로 전환하는 '가치전도價値顚倒의 힘'에 있다. 자신이 처한 상황에서 조금 떨어져서 바라보며 정반대의 의미를 부여하는 것이다. 그렇기에 마조히즘과 유머는 밀접한 관계가 있다.

여기서 흥미로운 점은 이 마조히즘적인 관점을 통해 주변 사람들도 유머의 통쾌함을 느끼는 것이다. 우리도 한번 사형 집행에 처하게 된 죄수의 기분을 상상해보자. 그는 화를 낼까? 슬퍼할까? 아니면 절망한 채 죽음을 맞이할까? 죽음을 눈앞에 둔 사람이 느낄 법한 감정을 머릿속에 그려보고, 또 사형수를 지켜보는 교도관의 입장에 감정을 이입하여 동정이나 연민의 감정을 느낄 준비를 해보자.

하지만 사형수의 한마디에 우리의 예상이 빗나가고 상황이 반전된다. 동정이나 연민의 감정은 온데간데없이 사라지고 만다. 이 맥 빠지는 상태를 프로이트는 '감정의 소비 절약'이라고 말한다.

'절약'이라는 단어가 조금 어색할 수 있겠지만, 사용될 예정이던 것이 사용되지 않았다는 의미다. 동정이나 연민의 감정이 사라지고 사형수와 함께 우리는 초월적 관점에 서게 된다. 그리고 '세상사 다 그런 것'이라고 절망적인 현실을 유머로 반전시키는 모습에 놀라며 쾌감을 느낀다.

동정이나 연민이 없는 관계

스파게티 소스나 자동판매기의 유머에서도 똑같은 '감정의 절약' 현상이 나타난다. 소스의 맛을 선택할 수 없거나 주스의 종류를 알 수 없는 탓에 눈이 보이지 않는 사람은 당연히 불편함을 겪는다. 이러한 사회 구조에 대해 우리는 미안함을 느끼기도 하고 눈이 보이지 않는 사람이 겪는 어려움을 걱정한다.

하지만 눈이 보이지 않는 사람의 한마디가 그러한 걱정을 깨끗이 날려보낸다. 눈이 보이지 않는 사람에 대한 동정이나 연민이라는 감정은 갈 곳을 잃고 사라진다. 감정이 사용되지 않고 '절약'되는 것이다.

　서장에서 비장애인의 선의가 오히려 장애인과의 사이에 벽을 만든다는 이야기를 했다. 잘 알지 못하기 때문에 미리 지나치게 배려하고 신경을 쓰게 되는 것이다. 도움을 줘야 한다는 부담감에, 장애가 있는 사람과 없는 사람과의 관계는 경직된다. 장애인에 대한 악의적 차별은 당연히 있어서는 안 되는 것이지만 사실은 지나친 선의도 곤란한 일이다.

　'눈이 보이지 않는 사람의 유머'라고 거창하게 말했지만 사실 그들 세계에서는 자연스러운 대화다. 장애인끼리는 상대의 장애를 소재 삼아 서로를 웃기는 경우가 많다. 하지만 거기에 비장애인이 끼면 상황은 달라진다. 비장애인에게 장애란 입에 올리면 안 되는 금기의 말이다. 그래서 장애인과 사이가 점점 더 멀어지는 것이다. 이와 마찬가지로 장애인 입장에서도 지적해주고 싶은 비장애인의 버릇이나 습관이 있을 것이다. 하지만 도움을 주고받는 상하관계가 돼버리면 좀처럼 말을 꺼낼 수가 없다.

　이와 관련된 대표적인 것으로는 장애인을 한자로 '장해자障害者'로 표기하는 문제다. '害'자가 좋지 못한 의미이기 때문에 최근에는 '장애자障礙者' 또는 '障がい者('害'와 'がい'의 발음이 같기 때문이다—옮긴이) 등의 다른 표기가 널리 쓰이고 있다.

눈이 보이지 않는 사람은 주로 음성 파일을 이용하여 책이나 글을 읽는데 음성 낭독 프로그램이 '障がい者'라는 표기를 인식하지 못할 수도 있다. '사와루가이샤'라고 잘못 읽게 되면 전혀 다른 단어가 되어버린다.

물론 오히려 잘못 읽힘으로써 눈이 보이지 않는 사람은 집필자의 배려를 깨달을 수 있다. 그렇기 때문에 배려를 받고 싶어하는 장애인에게는 오히려 나을 수도 있다.

하지만 'PC(Political Correctness, 사회적인 약자나 소수 민족에 대한 차별을 없애기 위한 사회 개혁적 태도—옮긴이)'에 저촉되지 않으려는 단순한 '무장'으로 차별 없는 중립적인 표현을 의미하고자 한 것이라면 오히려 역효과를 낼 수도 있다. 장애의 정의를 고려한다면 오히려 '장해자障害者'라는 표기가 더 바를 수도 있는 것이다. 이 점에 대해서는 뒤에서 다시 설명하고자 한다.

'답답함'의 정체

장애를 소재로 한 웃음은 선의가 불러온 '벽'을 무너뜨린다. 그 점에서 장애를 소재로 한 유머가 결코 개인적이고 단순한 허세라고 말할 수 없는 것이다. 이는 행정 기관에 이의를 제기하거나 권리를 요구하는 시민운동과는 다르지만, 비장애인의 마음속에 있는 벽을 허물어뜨린다.

이것이 바로 마음속에 꽉 막혀 있던 '답답함'의 정체다. 물론 배려도 중요하지만 지나치면 역효과를 가져온다. 유머는 바로 이 문제에 허를 찌르며 파고든다. 딱딱해진 관계를 부드럽게 풀어주고 서로의 문화적 차이를 존중하는 의사소통이 가능하게 만든다.

장애와 웃음에 관해서는 이미 다양한 실험이 진행되고 있다. 여기서는 일상생활에서의 유머를 중심으로 소개했지만, 그 웃음을 TV 예능 프로그램으로 만드는 움직임이 나타나고 있다.

예를 들어 일본 NHK에서 매주 방영하는, 장애인을 소재로 한 버라이어티 프로그램 「바리바라」가 있다. 또 「show-1 그랑프리」라는 경연대회에서는 뇌성마비나 발달장애 등을 앓고 있는 장애인이 나와서 유머 감각을 뽐낸다. 내가 참 좋아하는 척수성근위축증(척수 운동신경 세포 이상으로 근육이 약해져 몸을 점점 쓸 수 없는 질환—옮긴이)의 아소 도그는 5회 경연에서 패배한 뒤 한마디를 남겼다.

"병상에 누워 있는 장애인 캐릭터가 지다니……"

그 밖에 장애인 프로 레슬링도 있다. 장애를 유머 코

드로 하는 사회자의 멘트가 작렬한다. "보살펴주고 싶지 않은 장애인 넘버원!" 등과 같이 훨씬 '강도가 센' 내용도 있는데, 사회자와 출연자 사이의 깊은 신뢰관계 속에서 그 유머는 '비장애인 마음속에 있는 벽'을 향해 강펀치 세례를 퍼붓는다.

생각을 바꾸는 힌트

이 장의 주제인 유머에서 조금은 벗어나는 이야기이지만, 유머가 아닌 눈이 보이지 않는 사람의 발언에 의해서도 선의의 벽이 허물어지는 경우가 있다. 이에 관한 일화로 4장에서 다룬 '시각장애인과 함께하는 미술 감상 워크숍' 단체를 설립한 하야시 겐타 씨에게 들은 이야기를 소개한다.

도쿄의 하라 미술관에서 일어난 일이다. 하야시 씨는 워크숍을 개최할 즈음 미리 눈이 보이지 않는 사람들과 함께 프랑스의 미술가 소피 칼의 전시회를 보러 갔다. 전시된 작품 가운데 사람들의 관심이 집중된 것은 「최후에 본 것」(2010)이라는 작품이었다.

「최후에 본 것」은 칼 자신이 직접 연구한 결과를 토

대로 한 작품인데, 연구 내용은 제목 그대로 열 명 정도의 중도 실명한 사람에게 마지막으로 본 것은 무엇인지 인터뷰한 것이다. 생애 가장 마지막으로 본 것에 대해 대부분의 사람은 실명하게 된 사고나 병에 관련된 장면을 말하게 된다. 칼은 인터뷰에서 들은 내용을 글이나 사진 형태로 작품화하고 인터뷰에 응한 사람의 초상화 사진을 나란히 전시했다.

눈이 보이지 않는 사람이 인터뷰에 응한 사람과 같은 입장에서 바라보게 되는 작품. 하야시 씨는 처음 이 작품을 보고 몹시 불쌍하고 마음이 아팠다고 한다. 아마도 하야시 씨는 동행한 시각장애인들에게 그것이 어떤 작품인지 설명해야 했기 때문에 마음이 무거웠던 것이 아닐까?

그러나 시각장애인들의 반응은 의외였다. 거기에 전시된 다양한 인터뷰를, 시각장애인을 소재로 한 가벼운 작품 정도로 받아들이며 객관적으로 그림을 바라보고 있었다. "너무 비현실적이라 공감이 잘 안 되네요"라든지 "어디까지 사실인지 모르겠어요"와 같은 반응을 보인 것이다. 즉 자신이 가진 장애와는 상관없이, 인터뷰에 응했던 시각장애인의 이야기에 대한 문제점을 논의하며 작품을 해석했다.

하야시 씨와 함께 전시회를 본 시각장애인들은 칼의

인터뷰에 응한 사람들과 같은 입장이었기에 오로지 미술 작품으로서 감상이 가능했던 것이다. 덕분에 하야시 씨도 한결 편안해진 마음으로 작품을 감상할 수 있었다고 한다. 그리고 하야시 씨가 동행한 시각장애인들을 신경 써야 했던 무거운 부담감과 작품에 대해 느꼈던 아픔, 그 모두가 해소되었다.

앞서 프로이트의 유머론에서 사형수가 자신이 처한 상황 전체를 초월적 관점으로 내려다보는 것 같다고 이야기한 바 있다. 초월적 관점으로 자신을 바라보는 것은 유머의 기본이라 하겠지만, 마찬가지로 시각장애인들도 초월적 관점에서 작품을 바라보았다. 장애를 대하는 쿨한 태도나 초월적으로 장애인을 바라볼 수 있는 관점에서 어떤 깨달음을 얻는다.

그들에게는 그 관점이 '당연'하지만 '일상'이다. 시각장애인들과 처음 교류했을 때 나는 그들 속에 자연스럽게 섞이는 것을 느꼈다. 즉 그들의 자연스러운 '일상'을 경험할 수 있었다. 지금에 와서 생각해보면 운이 좋았던 것 같다. 일대일로 만났더라면 그와 같은 인상을 받지 못했을 것이다.

물론 똑같은 장애를 안고 있는 듯이 보여도, 장애의 속내는 한 사람 한 사람 다 다르고 생각의 차이는 물론 대립도 있다. 그러나 그러한 경험이 없는 비장애인에게는 장애인들끼리의 대화에서 '일상'을 엿보는 것만으로도 생각을 바꾸는 데 충분한 힌트를 얻을 수 있던 것 같다.

그렇다면 장애란 무엇일까?

도대체 장애란 무엇일까? 마지막으로 다시 한번 생각해보고자 한다.

일반적으로 '장애인'이라고 하면 '장애를 가진 사람'이라고 생각한다. 즉 '눈이 보이지 않는 사람'이나 '다리가 불편한 사람' '주의력결핍장애'와 같이 그 사람의 신체적·지적·정신적 특징을 '장애'로 생각한다.

그러나 실제로 장애인을 만나보면 그동안 뿌리 깊게 박혀 있는 장애의 이미지와는 전혀 다른 느낌을 받게 된다. 더 정확히 말하면 장애를 개인의 '능력 부족'을 가리키는 것으로 규정해서는 안 될 것 같다는 생각이 든다.

여러 연구자가 발표한 바와 같이 '능력 부족'을 의미하는 장애의 이미지는 산업사회의 발전과 함께 생겨났다. 오늘날 대량 생산, 대량 소비의 시대에는 균일화된 제품을 얼마나 빠르게 많이 만들고 쓰느냐 하는 문제가 중요하다. 그 결과 노동의 내용도 점점 더 획일화돼가고 있다. 차를 만들 때도 A가 만든 것과 B가 만든 것이 다르면 안 된다. 누가 만들어도 동일해야 하는, 즉 '교체 가능한 노동력'을 의미한다.

이렇게 노동이 획일화되면서, 장애인은 이제 '그것을 할 수 없는 사람'이 되어버렸다. 산업화 이전의 사회에서는 장애인도 할 수 있는 일이 있었다. 하지만 '눈이 보이지 않아서 할 수 있는 것'이 아니라 '눈이 보이지 않아서 할 수 없는 것'에 주목하는 현실이 되었다.

1980년경부터 이러한 장애의 이미지에 대해 세계 각국에서 의문을 제기하기 시작했다. 다양한 논쟁이나 사건의 상세한 역사에 관해서는 생략하겠지만, '개인의 능력 부족'과는 다른 형태로 장애를 인식하는 방법을 찾기 시작했던 것이다. 이러한 운동은 '장애학'이라는 새로운 분야의 학문을 탄생시켰다.

그 후로 약 30년이 지난 2011년에 공포·시행된 일본의 개정 '장애인기본법'에서는 장애인을 이렇게 정의하고 있다. '장애 및 사회적 장벽에 의해 계속 일상생활 또는 사회생활에 상당한 제한을 받는 상태에 있는 자', 즉 사회적 장벽에 의해 일상생활이나 사회생활에 불편함을 겪게 되는 것이 장애인의 정의에 포함되었다.

지금까지 장애는 개인적인 것으로 인식되어왔다. 그러나 새로운 인식법에서는 사회적 장벽을 장애의 원인으로 보고 있다. 눈이 보이지 않는 것 자체가 장애가 아니라 눈이 보이지 않아서 할 수 없게 된 것, 그것을 장애라고 말하는 것이다. 장애학에서는 이를 '개별적 모델'에서 '사회적 모델'로 전환되었다고 말한다.

이것이 바로 앞에서 '장애인'을 가리켜 한자 표기를 종전대로 '障害者장해자'로 해야 한다고 말한 이유다. '障礙者장애자'라고 표기를 바꾸는 것은 문제를 유보하는 것에 지나지 않는다. 그러한 '배려'의 이면에는 '개별적 모델'로서의 장애 인식이 숨어 있기 때문이다. 오히려 '장해'라고 표기하여 그 '부정적인 이미지'가 사회적으로 각성되는 편이 더 중요할 것이다.

하지만 법률상 장애의 정의가 변경되었다고 해도 그것은 어디까지나 제목에 불과하다. 장애의 사회적 모델이 아직 침투하지 않은 것은 장애를 받아들이는 아이디어나 실천이 부족하기 때문이다. 3장 끝부분에서 말한 바와 같이 장애는 고령화와 밀접한 관계가 있다. 고령화 사회가 되면 누구에게나 크든 작든 장애가 생기기 때문이다. 장애를 받아들이는 방법을 개발하는 것은 일본에 도래하게 될 초고령화 사회를 살아가기 위해서도 필요한 과제다.

단 주의해야 할 점은 사회 측에 장애가 있다고 해서 그것을 전부 없애야 하는 것은 아니라는 점이다. '스파게티 소스를 고를 수 없는 것'은 사회적 모델의 정의에 따르면 '장애'임에 틀림없다. 하지만 이 장애를 없애버린다면 눈이 보이지 않는 사람의 유머러스한 시점이나 그것이 사회에 긍정적인 효과를 줄 수도 있는 요소를 빼앗는 일이기도 하다.

물론 맛을 선택할 수 있는 편이 더 좋을 것이다. 하지만 눈이 보이지 않는 사람과 보이는 사람의 경험이 완전히 똑같을 수는 없다. 어떤 레토르트 포장에서, 눈이 보이는 사람이 '이해하는 맛'과 눈이 보이지 않는 사람이 식별 표시를 통해 '상상하는 맛'은 결코 똑같을 수 없기 때문이다. 차이를 없애려고 하는 것보다 차이를 살리거나 즐길 수 있는 지혜가 더 중요할 것이다.

결론적으로 비장애인이 '맛을 선택할 수 있게끔 해주는 것이 좋다'고 하여, 눈이 보이지 않는 사람의 가치관을 일방적으로 결정하는 것은 결코 바람직하지 않다. 눈이 보이지 않아도 언어를 바탕으로 미술 감상이 가능한 것처럼 '눈이 보이지 않는 특징'이 촉매가 되는 그러한 아이디어로 넘치는 사회가 되어야 할 것이다.

***

    이 책에서는 장마다 각각 '공간' '감각' '운동' '언어' '유머'라는 주제로 눈이 보이지 않는 사람이 어떻게 세상을 보는지에 대해 알아보았다. 여러분의 '변신'은 어땠는가? 상상 속에서만이라도 눈이 보이지 않는 사람의 신체가 되어 세상을 지각하고 손과 발을 움직여볼 수 있었는가? 변신의 경험을 토대로 장애를 촉매로 활용하는 아이디어를 많이 찾아내길 바란다.

    이 책을 집필하는 과정에서 인터뷰했던 시각장애인들은 전맹이거나 저시력인 사람으로 극히 일부분에 불과했다. 다시 말해서 '눈이 보이지 않는 사람'이라고 해도 장애의 종류(어느 정도까지 보이는지, 혹은 아예 보이지 않는지)나 나이, 성별에 따라서 세상을 보는 방법은 각기 다양하다. 따라서 이 책은 눈이 보이지 않는 사람에 대한 '일반론'이 아니기 때문에 오히려 '이런 점은 나와 다르구나' 생각하며 각자 다른 신체에 관해 이야기를 나눌 때 이 책을 활용해주길 바란다.

이 책을 집필할 때 많은 분께서 도움을 주셨습니다. 특히 인터뷰에 응해주신 기노시타 미치노리 씨, 난바 소타 씨, 시라토리 겐지 씨, 요시하라 시게오 씨, 히로세 고지로 씨, 모두 자신의 장애에 관해 말해야 하는 힘든 작업임에도 즐겁게 임해주셔서 많은 도움을 받았습니다.

그 외에도 귀중한 조언을 해주신 하야시 겐타 씨, 정징징 씨, 장애인의 시점에서 신체를 생각하는 연재 에세이를 집필할 기회를 주신 웹사이트 'BONUS'의 디렉터 기무라 사토루 씨, 유머러스한 삽화로 지면에 활력을 넣어주신 야마가타 이쿠히로 씨, 그리고 격려의 말로 띠지를 장식해주시고 「태양의 탑」에 대해서 조언을 해주신 후쿠오카 신이치 씨…….

마지막으로 멋진 조언과 따뜻한 응원으로 집필을 지지해주신 고분샤의 고마쓰 겐 씨, 히로세 유키 씨와 그밖의 모든 분께 감사 인사 드립니다.

그리고 이 책의 인터뷰의 일부는 다음 웹사이트에서도 읽으실 수 있습니다. http://asaito.com/research/

2015년 3월 이토 아사